# KEMETISCHE SPIRITUALITÄT

*Die verborgenen Geheimnisse der spirituellen Evolution, die vergessenen Prinzipien einer erhöhten Existenz und die uralte Weisheit des göttlichen Einsseins*

ASCENDING VIBRATIONS

## BEANSPRUCHEN SIE IHRE BONI (AUF ENGLISCH)

Um Sie auf Ihrer spirituellen Reise zu unterstützen, haben wir einige kostenlose Boni zusammengestellt, die Ihnen helfen, energetischen Ballast loszuwerden, der Ihnen nicht mehr dient, und ein Leben zu manifestieren, das besser zu Ihnen passt. Zu den Boni gehören ein begleitender Videokurs mit über 4,5

Stunden stärkendem Inhalt, energiegeladene Videos, kraftvolle geführte Meditationen, Tagebücher und mehr.

Sie erhalten sofortigen Zugang, indem Sie auf den unten stehenden Link gehen oder den QR-Code mit Ihrem Mobiltelefon scannen. (auf Englisch)

https://bonus.ascendingvibrations.net

**Gratis-Bonus #1: Der 3-stufige Chakra-Einstimmungskurs**

Möchten Sie eine einzigartige Methode kennenlernen, um die Chakren anzuregen? Erhöhen Sie Ihre Frequenz, indem Sie das Unterbewusstsein, das Physische und das Spirituelle aktivieren

- Entdecken Sie eine einzigartige 3-stufige Chakra-Zielmethode, die von so viele Menschen nicht genutzt wird!
- -Hacken Sie Ihr Gehirn, steigern Sie Körper, Geist und Seele und lösen Sie Blockaden, die Sie von Ihrer Größe abhalten
- -Erwecken Sie erstaunliche Energie, um eine Realität zu schaffen, die besser zu Ihnen passt
- -Hören Sie auf, wertvolle Zeit mit unwirksamen Methoden zu verschwenden

**Kostenloser Bonus #2: Das Manifesting Secret Formula Toolkit**

Haben Sie es satt, sich mit Ihrem Leben nur zufrieden zu geben, wertvolle Zeit zu verschwenden, und sind Sie bereit, Ihr höchstes Potenzial anzuziehen?

**Gratis-Bonus #3: Das Werkzeugset zur spirituellen Reinigung**

**Sind Sie bereit, all die negative Energie abzulegen, die Ihnen nicht mehr dient?**

- -Energetische Blockaden lösen , die Ungleichgewichte verursachen könnten
- -Erwecken Sie erstaunliche Energie, um Ihre Aura aufzuladen
- -Schaffen Sie eine wunderbar gereinigte, energetische Umgebung

**Gratis-Bonus #4: Eine kraftvolle geführte 10-Minuten-Energieheilungs-Meditation**

Alle diese tollen Boni sind zu 100 % kostenlos. Sie müssen außer Ihrer E-Mail-Adresse keine weiteren Angaben machen. Um sofortigen Zugriff auf Ihre Boni zu erhalten, gehen Sie auf

https://bonus.ascendingvibrations.net

# HINWEIS FÜR DEN LESER

Die Informationen in diesem Buch wurden ausschließlich zu allgemeinen Informations- und Bildungszwecken verfasst. Es ist nicht dazu gedacht, als medizinischer Ratschlag zu dienen, irgendeine Form der medizinischen Behandlung zu sein, einen medizinischen Zustand zu diagnostizieren oder den Rat eines Arztes oder Heilpraktikers zu ersetzen. Bitte konsultieren Sie Ihren Arzt, bevor Sie ein neues Gesundheitsprogramm beginnen. Die Verwendung der Informationen in diesem Buch liegt in der alleinigen Verantwortung des Lesers.

THOTH

# INHALT

RA

# EINFÜHRUNG

## KEMETISCHE SPIRITUALITÄT KANN IHRE PERSÖNLICHE SPIRITUELLE PRAXIS „ELEKTRISIEREN"

Die Natur oder Ntr ist die höchste göttliche Kraft. Das sagt uns die kemetische Spiritualität, eine Lebensweise, die aus dem alten Ägypten, auch bekannt als Kemet, hervorgegangen ist. Sie bietet eine Reihe von Richtlinien und Praktiken, die auf den alten Lebensweisen beruhen. Immer mehr Menschen wenden sich dieser Lebensweise zu, um inmitten des Chaos des modernen Lebens einen ausgeglichenen Lebensstil zu führen. Diese kemetische Lebensweise, die von immer mehr Menschen entdeckt wird, ermutigt uns, im Einklang mit der Natur zu leben. Dies wird durch Selbsterkenntnis erreicht. Um diese Selbsterkenntnis zu praktizieren, gibt es viele Techniken, wie Meditation und Yoga. Es erfordert auch ein Verständnis dafür, welchen Einfluss die Ernährung auf den Körper hat. Dieses Wissen gibt Ihnen die Richtung vor, um eine bessere Auswahl an Lebensmitteln für Ihr spirituelles Wachstum zu treffen. Das langfristige Ergebnis dieser besseren Entscheidungen ist ein längeres Leben und ein krankheitsfreier Körper. Wenn Sie Yoga und Meditation in Ihren

Lebensstil integriert haben, kann dieses längere Leben ein angenehmes sein.

Ein langes und angenehmes Leben ist möglich, wenn man sich von der kemetischen Spiritualität leiten lässt, denn sie ermutigt dazu, sich von den göttlichen Kräften der Natur leiten zu lassen. Diese Führung ist in den Metu Neter verkörpert, den Schriften, die auf Tempelwänden und Papyri zu finden sind und Lehren aus der Natur enthalten. Das Metu Neter ist auch als das Wort der Götter bekannt. Ihre Lehren erklären die Beziehung zwischen dem Menschen und dem Göttlichen. Sie definieren die menschliche Spiritualität in Bezug auf unsere Ausrichtung an den Prinzipien der Götter und Göttinnen - dem Neter.

Diese Götter und Göttinnen verkörpern die physischen und geistigen Prinzipien der Schöpfung. Die Beziehung zwischen diesen Schöpfungsprinzipien findet ihren vollen Ausdruck im kemetischen Baum des Lebens.

Die Worte des Metu Neter, die auf den Wänden von Tempeln und Papyrus aufgezeichnet sind, sind das älteste aufgezeichnete spirituelle System, das der Menschheit bekannt ist. Wenn wir diese Worte studieren, lernen wir etwas über die Verbindung zwischen der Menschheit und den Göttern und Göttinnen des alten Ägyptens, auch bekannt als Kemet. Wenn wir sie in unserem Leben anwenden, lernen wir, wie wir auf eine Weise leben können, die den göttlichen Geist in uns hervorhebt.

Die moderne spirituelle Erforschung hat mit der Entdeckung von Konzepten wie der Atomwissenschaft und dem Wissen um die hermetischen Gesetze Konzepte wie die Schwingung in sich aufgenommen. Dies sind Konzepte, die denen, die während der kemetischen Zeit lebten, bekannt waren und von ihnen in die Praxis umgesetzt wurden und auf denen die kemetische Spiritualität basiert. Mit dem Wissen um das spirituelle Gleichgewicht und der kontinuierlichen Anhebung ihrer geistigen Schwingung errichteten die Bewohner des alten Kemet eine wohlhabende, gut ausgebildete Gesellschaft. Ihr hoher Wissensstand führte dazu, dass sie große wissenschaftliche und architektonische Leistungen vollbrachten, die wir noch heute bewundern können. Wenn Sie in ihre Fußstapfen treten und ihre Lebensweise nachahmen, werden Sie in der Lage sein, auf einer Ebene zu leben, auf der Ihr Geist, Ihr Körper und Ihre Seele im Einklang mit dem Göttlichen sind. So können Sie ein produktives und positives Leben genießen, ohne die Ablenkungen, die von einer niedrig schwingenden Existenz ausgehen. Stattdessen ermutigt uns die kemetische Spiritualität, täglich in einer positiven Schwingungsausrichtung zu leben.

Die kemetische Spiritualität ermutigt uns, uns ständig bewusst zu sein, dass es eine Verbindung zwischen der Menschheit und dem Göttlichen gibt. Dass die Welt um uns herum eine Erweiterung dessen ist, was wir sind. Sie lehrt uns, dass die Göttlichkeit in den grundlegendsten Formen der menschlichen Existenz enthalten ist. Da die Göttlichkeit jedoch auf verschiedenen Ebenen der Existenz existiert, können wir uns entscheiden, uns auf verschiedenen Ebenen auf die Göttlichkeit auszurichten. Je höher die Ebenen der Existenz, auf die wir uns ausrichten, desto näher kommen wir Gott. Dieses Streben nach der Verkörperung der Göttlichkeit, der Wunsch, wie die Götter und Göttinnen zu sein, ist als Theurgie bekannt.

Die Ausübung der Theurgie erfordert die Kenntnis der kemetischen Schöpfungsgeschichte. Diese Geschichte erklärt, wie die Schöpfung entstanden ist und wie mit jedem Schritt im Schöpfungsprozess ein anderes Prinzip oder eine andere Kraft der Natur entstanden ist. Jede Kraft existierte, um den Zweck zu erfüllen, der zu diesem Zeitpunkt erforderlich war. Die Prinzipien, die im Schöpfungsprozess zum Einsatz kamen, wurden zu den Göttern und Göttinnen, die wir heute an den Tempelwänden und auf den Papyrusrollen sehen. Im Mittelpunkt der kemetischen Spiritualität steht daher das Verständnis der Götter und Göttinnen, der Prinzipien, die sie verkörpern, ihres Verhaltens und sogar der Posen, in denen sie an den verschiedenen Orten, an denen sie dargestellt sind, stehen oder sitzen. Die Kenntnis all dieser Dinge wird Ihnen das Wissen und die Einsicht vermitteln, die Sie benötigen, um die Prinzipien, die diese Götter und Göttinnen symbolisieren, umzusetzen.

## DIE SCHÖPFUNGSGESCHICHTE

Die Schöpfungsgeschichte beginnt mit Ra. Er ist der Sonnengott und die Quelle des Lebens für alles Lebendige. In der Schöpfungsgeschichte sehen wir, wie Ra aus den Urgewässern von Nun aufsteigt. Bevor Ra auftaucht, sind die Gewässer von Nun das Einzige, was auf der Erde existiert. Dieses chaotische Wasser bedeckt alles, was zu sehen ist. Bei der Erschaffung der Welt beginnt Ra mit der Kausalebene, die jene Strukturen enthält, die die Welt regieren. Diese Strukturen sind die Gesetze der Wissenschaft, die das Gleichgewicht und die Ordnung aufrechterhalten und so eine Umgebung schaffen, die es allen Dingen ermöglicht zu existieren. Dieses Gleichgewicht und diese Ordnung werden von der Göttin Ma'at repräsentiert, die es ermöglicht, dass in der Welt Harmonie herrscht.

Nach den geistigen Gesetzen schuf Ra dann die Atmosphäre. Diese ermöglicht allen Lebewesen die Existenz. Die Atmosphäre besteht aus trockener Luft, die mit Wasser vermischt ist. Die trockene Luft ist das, was wir atmen. Sie ist auch das Ätherische und wird durch den Gott Shu repräsentiert. Shu ist der Gott der Luft, der Gott, der die Erde und den Himmel trennt. In der trockenen Luft von Shu ist der Niederschlag enthalten, der Regen, Schnee und Hagel bildet. Dies wird durch die Göttin Tefnut, die Göttin der Feuchtigkeit, dargestellt. So war die Erde mit einer gasförmigen Substanz oder einem Nebel erfüllt.

Shu und Tefnut kamen zusammen und bildeten Himmel und Erde, die sie voneinander getrennt halten, indem sie sich zwischen sie stellen. Der Himmel, der die Sterne enthält, wird von der Göttin Nut dargestellt, die sich mit ihren Gliedmaßen auf beiden Seiten der Erde ausstreckt. Nut, die Göttin des

Himmels, wird oft mit den Sternen der Milchstraße auf ihrem Körper abgebildet, um ihre himmlische Natur zu demonstrieren. Nut verschluckt jeden Abend den Sonnengott, der auch als Ra bekannt ist, und bringt ihn am Morgen zur Welt. So entstehen Sonnenaufgang und Sonnenuntergang. Wenn Ra, der Sonnengott, im Zustand des Aufgangs ist, wird er Ra-Khepri genannt. Sein Zustand bei Sonnenuntergang wird als Ra-Atum bezeichnet. Die Erde wird durch den Gott Geb repräsentiert, und er ist der Boden, der sich unter der alles überragenden Nut ausbreitet.

Nachdem die Erde entstanden war, wurden die Menschen geschaffen. In unserer Komplexität als Menschen haben wir verschiedene Aspekte, die uns ausmachen. Einer dieser Aspekte ist das Ego, das wir durch die Anwendung von Weisheit und Intuition zügeln. Das Ego in der Menschheit wird durch den Gott Set repräsentiert, und Weisheit und Intuition werden durch den Gott Aset dargestellt. Diese Aspekte der menschlichen Persönlichkeit sind möglich, weil der Mensch eine ewige Seele ist. Die ewige Seele wird durch den Gott Asar repräsentiert. In der griechischen Mythologie ist Asar als Osiris bekannt, der Gott, dessen Bruder Seth aus Eifersucht in 14 Teile zerlegt wird.

Dies sind die Elemente, die Ra erschaffen hat, zusammen mit den beiden Schöpfungsgöttinnen in Form der Prinzipien Nebethetepet und Iusaaset. Diese Göttinnen sind die Mitschöpferin von Ra bzw. die Großmutter der Götter. Zusammen bilden die drei ein göttliches Dreieck, das den Baum des Lebens erschafft.

Wenn die kemetische Schöpfungsgeschichte erzählt wird, verwendet sie nicht die Namen von Prinzipien und Elementen wie "Gleichgewicht" und "Ordnung" oder "Luft" und "Wasser". Vielmehr ist sie personalisiert, und diese Elemente und Prinzipien werden mit Namen von Göttern und Göttinnen versehen.

Um sich dieser Methode des Geschichtenerzählens anzunähern, sollten Sie sich in den Theaterunterricht im Kindergarten zurückversetzen. Stellen Sie sich ein Konzert zum Jahresende vor, bei dem jedes einzelne Kind eine einzigartige Rolle spielen muss. Diese Rolle, und sei sie noch so klein, erfordert ein spezielles Kostüm, das für die Aufführung angefertigt wird. Das Stück ist eine Gelegenheit für das Kind, seine Rolle zu spielen und sein Kostüm den stolzen Eltern zu präsentieren. Manchmal ist diese Rolle so harmlos wie "ein Baum, der im Wind weht". Dennoch gibt es dem Kind ein Gefühl der Beteiligung, wenn es die Rolle oder das Element, das ihm anvertraut wurde, vollständig annimmt. Wenn Sie sich in der Theurgie üben, verhalten Sie sich genauso wie diese Kinder bei der Schulaufführung. Sie werden ganz zu dem Prinzip, dessen Eigenschaften Sie sich zu eigen gemacht haben. Das bedeutet, den Gott oder die Göttin zu verstehen, die von diesem Prinzip verkörpert wird. Versuchen Sie dabei, ihre Hintergrundgeschichte und die Herausforderungen, die sie durchgemacht haben, herauszufinden. Finden Sie heraus, welche Rolle sie in der Schöpfungsgeschichte gespielt haben und welches Element sie verkörpern. Wenn Sie das verstehen, sind Sie besser für die Herausforderungen in Ihrem Leben gerüstet. Sie können sich auf das Prinzip ausrichten, das Sie am besten befähigt, die Herausforderungen zu meistern, vor denen Sie stehen. Das Prinzip, das Ihre Herausforderungen bereits gemeistert hat, kann Ihnen helfen, Ihre gegenwärtigen Herausforderungen zu bewältigen. Sie können seine Einstellung und sein Verhalten nachahmen. Auf diese Weise praktizieren Sie Theurgie, indem Sie zu dem Prinzip werden, das die Herausforderungen überwunden hat und auf die nächste Existenzebene übergegangen ist.

Wenn Sie also der Baum sind, der im Wind weht, welches Geräusch machen Sie dann? Welche Handlungen führen Sie aus? Welche Erfahrungen macht jeder, der mit Ihnen interagiert? Wenn wir diese Analogie noch ein bisschen weiter ausdehnen auf Elemente wie Luft, Wasser und Wärme, dann tauchen wir ein in die Welt des alten Kemet und der Götter und Göttinnen, die die Schöpfungsgeschichte ausmachen.

Denn in dieser Schöpfungsgeschichte gibt es Elemente, die in der gleichen Reihenfolge auftauchen, in der ihre Tugenden benötigt wurden. Diese Elemente, die die Namen von Göttern und Göttinnen tragen, sind die folgenden:

- Djehuti (Der Gott des Mondes)
- Ma'at (Die Göttin des Gleichgewichts und der Harmonie)
- Het-Heru (Hathor, die schöne Göttin der Feste)
- Shu (Der Gott der Luft)
- Tefnut (Göttin der Feuchtigkeit und des Niederschlags)
- Nut (Göttin des Nachthimmels)
- Geb (Gott der Erde)
- Asar (Gott der Vegetation)
- Set (Gott des Chaos, der Verwirrung, der Zerstörung, der Stürme, der fremden Länder, der Finsternisse, der Erdbeben und der Gewalt)
- Aset (Göttin der Weisheit und der Intuition)
- Nebthet (Göttin der Luft)
- Heru Ur (Gott des Krieges und des Himmels)
- Nbt hotep (Nebethetepet, oder Nbt hotep, steht für Ruhe. Zusammen mit der Bewegung, die durch

Iusaaset dargestellt wird, schaffen sie Zeit und Raum. So bilden diese beiden zusammen mit Ra ein Dreieck, das die Grundlage von Zeit und Raum ist. Diese Grundlage ermöglicht es Ra, die Welt zu erschaffen.)

- Iusaaset (Großmutter der Götter und Göttinnen)

Wir müssen auch die Schöpfungsgeschichte verstehen, da sie uns einen Weg zeigt, dem wir folgen können, wenn wir nach Erleuchtung suchen. Ein Verständnis des Schöpfungsprozesses macht Ihnen die Prinzipien bewusst, die zu dieser Zeit aktiv waren und die Sie anwenden müssen, wenn Sie Ihre Schwingung auf eine energetische Ebene anheben wollen, die Sie näher an die Ausrichtung mit dem Göttlichen bringt.

Obwohl die Bedeutung des Wortes Kemet "Land der Schwarzen" oder "das schwarze Land" bedeutet, sollten wir verstehen, dass die Spiritualität, die in diesem Land praktiziert wurde, schon mehr als 3.000 Jahre existierte, bevor ein solcher Name verwendet wurde. Wenn wir dies mit der Tatsache vergleichen, dass die erste Migration der Menschheit von Afrika nach Asien und weiter zum Rest der Welt vor 80.000 bis 15.000 Jahren stattfand und seitdem andauert, wird uns klar, warum Spuren der kemetischen Spiritualität in den religiösen Praktiken der Menschen überall zu finden sind. Gelehrte reisten aus der ganzen Welt an, um die Weisheit und Spiritualität des alten Ägypten zu erlernen, bevor sie in ihre eigenen Länder zurückkehrten und sie an ihre lokalen Kulturen anpassten. Spuren dieser alten Weisheit und Spiritualität finden sich überall auf der Welt in den lokalen Glaubensvorstellungen wieder. Wenn Sie sich die kemetische Spiritualität zu eigen machen, machen Sie sich damit Glaubenssätze zu eigen, an denen die Menschheit seit Tausenden von Jahren festhält und die aufgrund ihrer Bedeutung für unser heutiges Leben immer noch praktiziert werden. Die Entdeckungen der modernen Wissenschaft, wie das Wissen über Atome und Hologramme, haben zu einer aufgeklärteren Sichtweise des menschlichen Geistes und seiner Fähigkeiten geführt. Bücher wie *Quantum Warrior* von John Kehoe gehen detailliert auf die Verbindung zwischen Atomen, Schwingungen und dem menschlichen Geist ein. Er behauptet, dass man sich mit Hilfe von Affirmationen auf das Quantenfeld ausrichten kann, indem man die Kraft der Schwingung nutzt. Auf diese Weise manifestieren wir das Leben, das wir leben wollen (Kehoe, 2011). Wenn Sie die Seiten dieses Buches durchblättern, werden Sie feststellen, dass dies nur einige der Konzepte sind, die in den Praktiken des alten Kemet verankert sind.

Der kemetische spirituelle Weg ist mehr als eine Religion; er ist eine Lebensweise. Anstatt sich auf einen einzigen Aspekt wie Gebet, Meditation oder Ernährung zu konzentrieren, um sich mit dem Göttlichen in Einklang zu bringen, bezieht die kemetische Spiritualität diese Aspekte mit ein. In der Tat umfasst sie alle Aspekte Ihres Lebens und beeinflusst die Art und Weise, wie Sie Ihre täglichen Aktivitäten durchführen, von dem Moment an, in dem Sie aufwachen, bis zu dem Zeitpunkt, an dem Sie sich zu Bett begeben.

Aus diesem Grund ist es von Vorteil, wenn Sie verstehen, dass die einzelnen Kapitel dieses Buches miteinander verknüpft sind. Die Kapitel können einzeln durchgegangen werden, was Ihnen die Möglichkeit bietet, einzelne Konzepte allein zu überprüfen. Es ist jedoch hilfreich zu verstehen, dass jedes Kapitel und jede Disziplin miteinander verknüpft ist. Das Göttliche zieht sich durch unser Leben und seine Prozesse, so wie alle Prinzipien und Kräfte, die bei der Erschaffung der Welt zum Einsatz kamen, von einer einzigen göttlichen Kraft stammen. Man kann sich nicht von der Göttlichkeit trennen, und wenn man zielstrebig im Einklang mit dem Göttlichen lebt, wird man in vielen Bereichen seines Lebens Erfolg haben.

SET

1

# WIE MAN MIT DER PRAXIS DER KEMETISCHEN SPIRITUALITÄT BEGINNT UND WAS MAN UNTER EINEM BESCHLEUNIGTEN SPIRITUELLEN WACHSTUM VERSTEHEN MUSS

Um Ihre Praxis der kemetischen Spiritualität zu beginnen, müssen Sie verstehen, dass die Welt aus Nun erschaffen wurde. Nun ist das Nichts, das vor dem Geist in Form von Ra existierte, der sich daraus erhob und allmählich die Welt formte. Die Schöpfung selbst verlief so, dass höhere Bewusstseinszustände geschaffen wurden, bevor niedrigere Schwingungszustände existierten. Mit jeder Bewusstseinsform, die geschaffen wurde, wurde eine niedrigere Bewusstseinsform daraus geboren. Dies geschah so lange, bis sich die physischen Elemente in Form der Erde und allem, was auf ihr ist, manifestierten.

Der Mensch, eine feste Form, ist an die Auswirkungen des Egos gebunden und existiert daher in einem niedrig schwingenden Zustand. Die spirituelle Praxis zielt darauf ab, die Menschheit aus dem niedrig schwingenden Bewusstsein in eine Position zu heben, in der man täglich in Übereinstimmung mit Gott lebt und in der Lage ist, Schöpfungen in der gleichen Weise ins Leben zu rufen, wie es Gott während des Schöpfungsprozesses tat.

Die Ausrichtung auf Gott wird durch die Aufrechterhaltung eines Zustandes des Gleichgewichts erreicht. Dieser Zustand des Gleichgewichts ist in der Praxis der kemetischen Spiritualität äußerst wichtig. Die Göttin Ma'at, die dieses Gleichgewicht verkörpert, beeinflusst das tägliche Leben der Kemetic bis zum Tod und darüber hinaus. Die Ausrichtung auf Gott kann auch durch tägliche Praktiken erreicht werden, bei denen man darauf achtet, was man seinem Körper, seinem Geist und seiner Seele zuführt. Jede Aktivität, die Sie zur Ernährung dieser Bereiche Ihres Lebens unternehmen, sollte darauf hinwirken, dass Sie Ihrem eigenen Zustand der Göttlichkeit näher kommen.

## DAS GLEICHGEWICHT HERSTELLEN

Die kemetische Spiritualität basiert auf dem Gleichgewicht von spirituellem Gesetz und Ordnung im Leben derer, die sie praktizieren. Sobald das Gleichgewicht im eigenen Leben verloren gegangen ist, wird es schwierig, sich auf die Quelle auszurichten. Die göttliche Quelle sorgt für Ordnung, während ein Zustand der Unordnung ein Zustand ist, in dem das Potenzial noch verwirklicht werden muss, ähnlich wie die Wasser von Nun vor Beginn der Schöpfung.

Um einen Zustand des Gleichgewichts zu erreichen, müssen wir uns der Aktivitäten und Lehren der Göttin Ma'at bewusst sein. Um sicherzustellen, dass das Gleichgewicht erhalten bleibt, studierten die Eingeweihten die 42 Gesetze von Ma'at, der Göttin, die die Gesetze des Gleichgewichts und der Harmonie verkörpert. Ma'at ist diejenige, die das Herz oder den Geist eines jeden Eingeweihten wiegt, wenn er nach dem Tod durch die Hallen des Gerichts geht. Dies geschieht, um festzustellen, ob sie würdig sind, in das Jenseits überzugehen.

Die Kemetiten glaubten, dass beim Tod eines Menschen sein Herz von Ma'at mit der Feder der Wahrheit gewogen wird. Auf all ihren Illustrationen ist sie mit dieser Straußenfeder abgebildet. Mit dieser Feder wog sie das Herz eines Menschen nach dessen Tod, um festzustellen, ob er seine Reise ins Jenseits antreten konnte. Diejenigen, die den Test nicht bestanden, mussten ihre Reise in der Halle des Gerichts beenden, wo sie von Ammu - einer Kreuzung aus Krokodil, Nilpferd und Löwe - verzehrt wurden. Dieser Verzehr wäre der endgültige Tod für diese Seele, und sie würde weder das Leben nach dem Tod noch ein reinkarniertes Leben auf der Erde erleben.

Um sicherzustellen, dass die Reise nicht vorzeitig abgebrochen wird, führten die Kemetiten ein Ritual durch, das die 42 Gesetze von Ma'at in den Mittelpunkt ihrer täglichen Aktivitäten stellte. Daher wäre dies auch ein guter Ort für Sie, um Ihre Praxis zu beginnen.

Als Praktizierender der kemetischen Spiritualität können Sie die 42 Gesetze von Ma'at nutzen, um Ihre täglichen Aktivitäten zu leiten. Dies kann geschehen, indem Sie Ihren Tag mit einem Gebet in einer Form beginnen, die die Gesetze von Ma'at anerkennt und einbezieht. Es ist vorteilhaft, dies am Morgen zwischen 4 und 6 Uhr zu tun, bevor Sie mit den Aktivitäten des Tages fortfahren. Es ist am besten, diese Gesetze am Ende des Tages noch einmal zu rezitieren, um darüber nachzudenken, ob Sie in der Lage waren, Ihre Absichten für den Tag angemessen zu verwirklichen.

Die Gesetze von Ma'at sind unten aufgelistet, zusammen mit

ein paar Worten, die zeigen, wie jedes Gesetz in Ihrem Leben interpretiert und angewendet werden kann.

## DIE 42 GESETZE DES MA'AT

**1. Ich habe keine Sünde begangen.**
Dies bezieht sich auf die Abwesenheit von Fehlverhalten. Es ehrt die Tugendhaftigkeit in allen eignen eiHandlungen.
**2. Ich habe keinen Raubüberfall mit Gewalt begangen.**
Dieses Gesetz hebt zwei negative Handlungen hervor. Die erste Handlung ist der Raub, bei dem eine andere Person um das beraubt wird, was ihr rechtmäßig gehört. Die zweite Handlung ist die gewaltsame Art, mit der dies geschieht. Die gewalttätige Handlung stört den inneren Frieden einer Person zusätzlich zu der Störung, die durch den Verlust ihres Besitzes verursacht wird. Daher beeinträchtigen Sie die Fähigkeit einer anderen Person, in Frieden und Harmonie zu leben, wenn Sie dieses Gesetz brechen.
**3. Ich habe nicht gestohlen.**
Das Gesetz ist eng mit dem vorhergehenden verwandt, denn wenn Sie stehlen, berauben Sie eine andere Person ihres persönlichen Besitzes. Außerdem verursachen Sie eine psychische Störung, die ihre Fähigkeit, in Ma'at zu leben, beeinträchtigt.
**4. Ich habe weder Männer noch Frauen erschlagen.**
Mord ist falsch, egal in welcher Situation.
**5. Ich habe keine Lebensmittel gestohlen.**
Wenn man Lebensmittel stiehlt, beraubt man einen anderen der Möglichkeit, seinen Körper zu ernähren.

**6. Ich habe keine Opfergaben erschwindelt.**

Wenn Sie den Göttern und Göttinnen ein Opfer bringen, seien Sie ehrlich, was Sie opfern. Geben Sie nicht vor, mehr geopfert zu haben, als Sie haben. Nehmen Sie nicht von dem, was für die Opfergabe bestimmt war, und verwenden Sie es für sich selbst, denn dann würden Sie die Götter bestehlen. Sie werden wissen, was Sie getan haben, und Sie könnten des Segens beraubt werden, der für Sie bestimmt war, oder sogar ein schlimmeres Schicksal erleiden, wie den ewigen Tod im Jenseits.

**7. Ich habe nicht von Gott/Göttin gestohlen.**

Hier geht es darum, das zu nehmen, was den Göttern und Göttinnen geopfert wurde. Das können Opfergaben sein, die von anderen Menschen dargebracht wurden, oder, wie im vorherigen Gesetz, Opfergaben, die man selbst darbringen sollte.

**8. Ich habe keine Lügen erzählt.**

Wenn man lügt, lebt man gegen die Grundsätze von Ma'at. Die Wahrheit ist ein wichtiger Aspekt eines Lebens im Gleichgewicht und in Harmonie; deshalb sollte man sich bemühen, in allem, was man sagt, ehrlich zu sein.

**9. Ich habe keine Lebensmittel weggetragen.**

Eine Situation, in der Lebensmittel mitgenommen werden könnten, kann bei einem Buffet eintreten. Manche Menschen fühlen sich berechtigt, etwas vom Buffet einzupacken und mit nach Hause zu nehmen. Dies könnte für sie selbst sein, um es später zu verzehren, oder um es mit denjenigen zu teilen, mit denen sie nicht zusammen gekommen sind. Dies könnte dazu führen, dass nicht genug Essen für die anwesenden Gäste vorhanden ist. Daher ist dies ein sehr rücksichtsloser Akt, und ein solcher Egoismus sollte vermieden werden.

**10. Ich habe nicht geflucht.**

Fluchen geht über das Aussprechen von Schimpfwörtern, wie wir es heute kennen, hinaus. Jemanden zu verfluchen bedeutet, ihm Unglück zu wünschen. Es ist das Gegenteil davon, jemanden zu segnen. Es ist besser, jemanden zu segnen, als ihn zu verfluchen.

**11. Ich habe meine Ohren nicht vor der Wahrheit verschlossen.**

Ma'at ist die Göttin der Wahrheit. Deshalb reicht es nicht aus, die Wahrheit zu sagen; man muss auch anderen erlauben, ihre Wahrheit zu sagen und gehört zu werden.

**12. Ich habe keinen Ehebruch begangen.**

Ehebruch ist der Akt, mit der Frau oder dem Mann eines anderen zu schlafen. Das kann sich auch auf den Akt des Betrugs mit dem eigenen Ehepartner beziehen. Versetzen Sie sich nicht in die Lage, etwas zu genießen, was Ihnen nicht gehört. Es kann sein, dass Sie sich gezwungen sehen, über Ihre Handlungen zu lügen oder sich trügerisch zu verhalten, um zu verbergen, was Sie getan haben.

**13. Ich habe niemanden zum Weinen gebracht.**

Es gibt viele Gründe, warum jemand aufgrund Ihrer Handlungen weinen könnte. Das kann ein absichtlicher Versuch sein, ihm zu schaden, eine Lüge oder ein Versäumnis oder ein unfreundliches Verhalten ihm gegenüber. Verhalten Sie sich anderen gegenüber rücksichtsvoll, um zu vermeiden, dass sie durch Ihre Handlungen traurig werden.

**14. Ich habe nicht ohne Grund Kummer empfunden.**

Versuchen Sie, Ihr Leben mit Freude und in Übereinstimmung mit Ihren höchsten Idealen zu leben. Wenn Sie sich traurig fühlen, erkennen Sie den Grund dafür und gehen Sie ihn an, damit Sie nicht in einen depressiven Zustand abgleiten.

**15. Ich habe niemanden angegriffen.**

Vermeiden Sie gewalttätiges Verhalten, insbesondere gegenüber anderen. Körperliche und psychische Übergriffe können sich langfristig negativ auf die angegriffene Person auswirken, da sie dadurch ein Trauma erleiden kann.

**16. Ich bin nicht betrügerisch.**

Lassen Sie nicht zu, dass Ihre Gedanken, Worte und Handlungen zu unehrlichem Verhalten führen. Handeln Sie stets mit Integrität.

**17. Ich habe niemandem sein Land gestohlen.**

Land war in Kemet wichtig, denn es war die Quelle der Nahrungsmittelproduktion und damit ein Mittel für die Menschen, sich und ihre Familien zu ernähren. Wenn Sie dieses Denken auf unser modernes Zeitalter übertragen, achten Sie darauf, dass Sie anderen nicht die Lebensgrundlage wegnehmen.

**18. Ich habe keinen Lauschangriff vorgenommen.**

Sie sollten den Menschen die Privatsphäre bei Gesprächen zugestehen, die sie hinter verschlossenen Türen führen oder von denen sie glauben, dass sie allein sind. Wenn Sie ein Gespräch mithören, sollten die Gesprächspartner über Ihre Anwesenheit informiert werden, damit sie entscheiden können, ob sie die Informationen mit Ihnen teilen möchten oder nicht.

**19. Ich habe niemanden fälschlicherweise beschuldigt.**

Wenn Sie wissen, dass jemand nichts Falsches getan hat, beschuldigen Sie ihn nicht, etwas Falsches getan zu haben. Sie lügen und ruinieren deren Ruf.

**20. Ich bin nicht ohne Grund wütend gewesen.**

Versuchen Sie es zu vermeiden, jähzornig zu werden, denn das kann dazu führen, dass Sie ohne Grund wütend werden. Das wirkt sich negativ auf Ihre Umgebung und auf die Art und Weise aus, wie Sie von anderen wahrgenommen werden und mit ihnen umgehen. Versuchen Sie, auf eine ruhige Art zu leben und zu kommunizieren. Wenn Sie schließlich doch wütend werden, muss es einen Grund dafür geben.

**21. Ich habe die Frau von niemandem verführt.**

Dies steht im Einklang mit dem 12. Gesetz. Die Frau eines anderen zu verführen kann zu Ehebruch führen, und das ist zu vermeiden.

**22. Ich habe mich nicht verunreinigt.**

Nehmen Sie keine Substanzen zu sich, die für Ihren Körper schädlich sind, und konsumiere Sie sie nicht. Versuchen Sie, Ihren Körper rein zu halten, indem Sie sich von Substanzen wie Drogen fernhalten, die den Körper schädigen können, insbesondere die Organe, die als Kinder des Heru bekannt sind und die einen gesunden Körper gewährleisten.

**23. Ich habe niemanden terrorisiert.**

Verhalten Sie sich nicht so, dass andere in Angst leben müssen. Erlauben Sie jedem Einzelnen, im Vertrauen und in Frieden zu leben.

**24. Ich habe nicht gegen das Gesetz verstoßen.**

Befolgen Sie die Gesetze des Landes, die von den Richtern und Machthabern des Landes, in dem Sie leben, festgelegt wurden. Bemühen Sie sich auch, in Übereinstimmung mit den Gesetzen von Ma'at zu leben.

**25. Ich bin nicht dauerhaft wütend.**

Auch wenn Sie nicht grundlos wütend sein sollten, wie es in Gesetz 20 heißt, versuchen Sie, sich nicht vom Zorn verzehren zu lassen. Das wird dazu führen, dass Sie ständig einen zornigen Geisteszustand aufrechterhalten, bis er schließlich ein Teil Ihrer Persönlichkeit ist.

**26. Ich habe Gott/Göttin nicht verflucht.**

Sie sollten sich bemühen, im Einklang mit den Göttern und Göttinnen zu leben und sie nicht verfluchen. Sie sollten vielmehr ihre Gunst suchen. Wenn Sie das Gefühl haben, dass ein Gott oder eine Göttin Sie nicht so segnet, wie Sie es erwarten, sollten Sie den Grund dafür suchen, anstatt sie zu verfluchen. Sie zu verfluchen könnte dazu führen, dass Sie einige Ihrer Segnungen und den erbetenen Schutz noch später erhalten.

**27. Ich habe nicht mit Gewalt gehandelt.**

Wenn Sie mit Gewalt handeln, handeln Sie nicht friedlich. Sie sollten sich bemühen, jederzeit Frieden und Gleichgewicht zu bewahren.

**28. Ich habe keine Störung des Friedens verursacht.**

Dies steht im Zusammenhang mit dem oben genannten Gesetz. Verhalten Sie sich friedlich und erlauben Sie anderen Menschen, sich friedlich zu verhalten. Versuchen Sie, sich nicht so zu verhalten, dass die Emotionen der Menschen gestört werden oder der Frieden in einer Nachbarschaft gestört wird. Ein Beispiel hierfür wäre das Abspielen lauter Musik in einer älteren Nachbarschaft, wodurch sich die meisten Anwohner gestört fühlen.

**29. Ich habe nicht überstürzt oder unüberlegt gehandelt.**

Denken Sie gründlich über Ihre geplanten Maßnahmen nach, bevor Sie sie durchführen. Auf diese Weise stellen Sie sicher, dass Sie Ihre Handlungen in Zukunft nicht bereuen werden.

**30. Ich habe meine Grenzen der Besorgnis nicht überschritten.**

Versuchen Sie nicht, ein Wichtigtuer zu sein, der sich mit den Angelegenheiten anderer beschäftigt. Beschäftigen Sie sich nur mit den Dingen, die Sie selbst betreffen. Auf diese Weise vermeiden Sie, dass Sie dem Klatsch und Tratsch, der von untätigen Geistern angestiftet wird, zum Opfer fallen.

**31. Ich habe nicht übertrieben, wenn ich spreche.**

Wenn Sie Nachrichten oder eine Geschichte über einen Vorfall weitergeben, versuchen Sie nicht, mehr Aufmerksamkeit zu erregen, indem Sie die Einzelheiten des Geschehens übertreiben. Dies kann manchmal einer Lüge gleichkommen und sogar denjenigen schaden, auf die sich die Geschichte bezieht.

**32. Ich habe nicht böse gearbeitet.**

Handeln Sie immer mit Güte und Integrität. Unterlassen Sie es, mit schädlichen Absichten zu handeln, denn das ist böses Verhalten.

**33. Ich habe keine bösen Gedanken, Worte oder Taten benutzt.**

Dies hängt mit dem vorhergehenden Gesetz zusammen und ist eine Mahnung, mit Reinheit in Wort, Gedanke und Tat zu leben.

**34. Ich habe das Wasser nicht verschmutzt.**

Wasser gibt jedem Lebewesen Leben. Seien Sie freundlich zu sich selbst, zur Menschheit und zum Leben auf der Erde, indem Sie die Wasserwege sauber und frisch halten.

**35. Ich habe nicht wütend oder arrogant gesprochen.**

Seien Sie nicht hochmütig in Ihrem Verhalten oder in Ihrer Kommunikation. Seien Sie freundlich und bescheiden in Ihrem Engagement.

**36. Ich habe niemanden verflucht, weder in Gedanken, noch in Worten, noch in Taten.**

Am besten ist es, niemandem etwas Böses zu wünschen. Sie sollten ihnen auch nicht sagen, dass Sie ihnen irgendeinen Schaden wünschen, vor allem nicht in einer Weise, die Ihre wirklich schädlichen Absichten ihnen gegenüber zum Ausdruck bringt. Darüber hinaus ist es am besten, sich von allen Aktivitäten fernzuhalten, von denen Sie wissen, dass sie jemandem Schaden zufügen werden.

**37. Ich habe mich nicht auf ein Podest gestellt.**

Es ist am besten, nicht zu viel von sich selbst zu halten. Ein bescheidenes Denken und Verhalten ist für Sie und Ihre Mitmenschen von Vorteil. Lassen Sie nicht zu, dass Ihr Ego Ihr Handeln bestimmt.

**38. Ich habe nicht gestohlen, was einem Gott/einer Göttin gehört.**

Vielleicht stoßen Sie auf Gegenstände, die einem Gott oder einer Göttin geopfert wurden. Egal, wie ansprechend sie für Ihre Sinne sind, machen Sie diese Gegenstände nicht zu Ihrem Eigentum. Überlassen Sie sie den Göttern oder Göttinnen, denen sie geopfert wurden. Wenn Sie sie zu Ihrem Eigentum machen, könnte sich das negativ auf Ihr Leben auswirken.

**39. Ich habe den Verstorbenen nicht bestohlen oder respektlos behandelt.**

Wenn Menschen in Kemet begraben wurden, wurden sie mit Schätzen und Gegenständen bestattet, die auf ihrer Reise ins Jenseits verwendet werden sollten. Dieses Gesetz sollte die Menschen davon abhalten, Grabräuber zu werden. In der heutigen Zeit können Sie dies umsetzen, indem Sie die Wünsche der Verstorbenen respektieren, wenn sie ein Testament mit eindeutigen Anweisungen hinterlassen haben. Sie können es auch vermeiden, Gegenstände mitzunehmen, die als eindeutiges

Andenken an einen geliebten Menschen auf einer Grabstätte hinterlassen wurden. Respektieren Sie die Toten.

**40. Ich habe einem Kind kein Essen weggenommen.**
Kinder sollen umsorgt und nicht missbraucht werden. Nehmen Sie einem Kind keine Lebensmittel oder andere Dinge weg, die es ernähren und erhalten sollen.

**41. Ich habe nicht unverschämt gehandelt.**
Eine Anmaßung bedeutet, dass Sie sich respektlos verhalten haben. Achten Sie darauf, dass Sie jeden, dem Sie begegnen, mit Respekt behandeln. Dies sollte nicht davon abhängen, ob Sie glauben, dass sie diesen Respekt verdienen oder nicht; am besten ist es, wenn Sie jeden einfach gut behandeln.

**42. Ich habe kein Eigentum zerstört, das einem Gott/einer Göttin gehört.**
Dies steht im Einklang mit dem Gesetz Nr. 38, das besagt, dass man einen Gott oder eine Göttin nicht bestohlen hat. Ebenso ist es am besten, wenn Sie das, was den Göttern und Göttinnen gehört, pflegen und ehren, indem Sie es nicht zerstören.

## KINDER DES HERU

Während des Mumifizierungsprozesses wurde bestimmten Göttern, den Kindern des Heru, die Verantwortung für die Pflege bestimmter innerer Organe während der Reise ins Jenseits übertragen. Diese Götter hießen Hapi, Imsety, Duamutef und Qebehsenuef, denen jeweils die Verantwortung für Magen, Darm, Lunge und Leber übertragen wurde. Die identifizierten Organe wurden mumifiziert und in Kanopengefäßen aufbewahrt. Jedes Gefäß trug das Abbild des Gottes, der über das darin enthaltene Körperorgan wachte. Dieser Konservierungsprozess unterstreicht die Bedeutung des Körpers und dieser besonderen Organe in diesem und im nächsten Leben.

Deshalb ist es gut, die Bedeutung des Körpers als das Gefäß zu erkennen, das den Geist durch die Reise des Lebens auf der Erde trägt. Dazu gehört auch der Segen für die Organe, die nach dem Tod speziell den Kindern von Heru anvertraut wurden. Die Untersuchung jedes dieser Körperteile gibt Aufschluss darüber, warum sie für Ihr tägliches Leben wichtig sind.

Hapi, der Gott mit dem Paviankopf, kümmert sich um die Lunge. Sie ermöglicht das Einatmen von lebensspendendem Sauerstoff in Ihren Körper. Dieser Sauerstoff wird von jeder Zelle Ihres Körpers zum Überleben benötigt. Wenn Sie nicht mehr atmen können, sterben Sie.

Der menschenköpfige Imsety kümmert sich um die Leber. Die Leber sondert einige der wichtigsten Hormone und Enzyme ab, die die Verdauung der Nahrung ermöglichen. Darüber hinaus baut die Leber einige der weniger nahrhaften Substanzen ab, die wir zu uns nehmen. Dazu gehören Drogen und Alkohol, die die Leber abbaut, damit sie für den Körper nicht giftig sind. Die Leber baut Fette ab und speichert Glukose, so dass sie sowohl in Zeiten der Dürre als auch des Überflusses wichtig für unser Gedeihen ist.

Der schakalköpfige Duamutef beschützt den Magen. Der Magen ist das erste Auffangbecken für unsere Nahrung, nachdem wir sie gekaut und geschluckt haben. Er tötet schädliche Substanzen ab und ist am Verdauungsprozess beteiligt.

Qebehsenuef ist auf dem Kanopenglas mit einem Falkenkopf abgebildet. Er kümmert sich um die Därme. Der Darm ermöglicht die Aufnahme von Nahrung in den Körper und besteht aus dem Dünndarm und dem Dickdarm. Jeder dieser Abschnitte hat unterschiedliche Funktionen im Verdauungsprozess. Der Vagusnerv, der die Verbindung zwischen Gehirn und Darm herstellt, verläuft vom Darm zum Gehirn. Daher wirkt sich jede Störung im Darm direkt auf die geistige Klarheit und die Art und Weise aus, wie der Einzelne die Welt um sich herum wahrnehmen und genießen kann.

Um Ihre spirituelle Reise zu unterstützen, ist es ratsam, neben Ihrem Geist auch Ihren Körper und Ihren Geist zu stärken. Um Ihren Körper zu stärken, ist es von Vorteil, eine kemetische Diät einzuhalten. Diese Diät stellt sicher, dass alles, was Sie zu sich nehmen, Sie mit positiver Energie versorgt, die direkt von der Sonne - der Energiequelle der Erde - ausgeht.

## AUFBAU EINES GESUNDEN KÖRPERS

Eine Ernährung mit Lebensmitteln, die nicht aus biologischem Anbau stammen und nicht mit den kemetischen Grundsätzen übereinstimmen, hat zu den ungesunden Bevölkerungsgruppen der modernen Gesellschaft geführt. Dies ist weitgehend auf die Zunahme von Krankheiten zurückzuführen, die durch den Verzehr von Lebensmitteln verursacht werden, die unserer Gesundheit schaden. Einige dieser beliebten Nahrungsmittel, wie Milchprodukte, verarbeitete Lebensmittel und Meeresfrüchte, führen zu Entzündungen, Stauungen und Energiemangel. Letzteres ist auf die enormen Anstrengungen zurückzuführen, die für die Verdauung dieser Lebensmittel erforderlich sind. Diese Lebensmittel lösen häufig Allergien aus. Anstatt unseren Körper mit leicht zugänglicher Nahrung zu versorgen, führen diese Lebensmittel schließlich zu chronischen Krankheiten, da unser Körper mit den schädlichen Auswirkungen einer Ernährung zu kämpfen hat, die nichts zur Anhebung unserer Schwingungsfrequenz beiträgt. Stattdessen fühlen wir uns durch die falsche Ernährung aufgebläht und energielos. Dieser Mangel an körperlicher Energie kann unsere Fähigkeit beeinträchtigen, uns zu konzentrieren und unseren spirituellen Weg zu verfolgen.

## KÖRPERLICHE STÄRKE UND GLEICHGEWICHT

Die Sicherstellung gesunder Körperfunktionen und die Ausrichtung auf das Göttliche wird durch die Einbeziehung des kemetischen Yoga in unseren täglichen Lebensstil weiter verbessert. Warum beginnen Sie Ihren Tag nicht mit den Atemtechniken und Dehnungen, die das kemetische Yoga bietet? So können Sie eine starke Körpermitte aufrechterhalten und den Atem des Lebens als eine Kraft einbeziehen, die Ihren Geist beruhigt und es Ihnen ermöglicht, sich voll und ganz auf Ihre täglichen Aktivitäten zu konzentrieren. (Siehe das Kapitel *Bonus* *des kemetischen Yoga für die energetische Praxis des modernen Tages* am Ende dieses Buches).

Eine meditative Praxis, die eine Ausrichtung auf Ihre geistigen Führer beinhaltet, hilft auch, Ihren physischen Körper aufzubauen. Durch die Interaktion mit Ihren Geistführern können Sie ein Gleichgewicht und Heilung in Bereichen des Körpers erreichen, die von der traditionellen westlichen Medizin entweder nicht erkannt oder mit Chemikalien behandelt werden, die der allgemeinen Gesundheit nicht zuträglich sind. Ein spiritueller Ansatz für das Wohlbefinden wirkt sich langfristig positiv auf den Körper und die Psyche aus.

## EIN GESUNDER GEIST

Wenn Sie sich auf spirituelle Studien konzentrieren, bleiben Ihr Geist und Ihre Seele in einem Bereich, der es Ihnen ermöglicht, positive Ereignisse in Ihrem Leben zu schaffen. Diese spirituellen Studien können von vielen der positiven Religionen der Welt übernommen werden. Diese Religionen, wie das Christentum, das Judentum, der Islam und der Buddhismus, sollen alle ihren Ursprung im alten Kemet haben. Viele der in diesen Religionen gelehrten Themen und erzählten Geschichten haben ihre kemetischen Ursprünge beibehalten, auch wenn die Namen möglicherweise geändert und die Geschichten angepasst wurden. Die Grundsätze, die ihren Anhängern vermittelt werden, bleiben jedoch dieselben, wobei zentrale Themen wie die Zehn Gebote von den Gesetzen des Ma'at abgeleitet worden sein sollen.

Um einen gesunden Geist zu bewahren, müssen Sie Ihren Geist auf positive Gedanken konzentrieren. Achten Sie auf Gedanken, die von Wut, Traurigkeit, Sorgen und Eifersucht durchdrungen sind. Diese Gedanken können mit der Zeit zu körperlichen Beschwerden führen, da die Organe Ihres Körpers auf die Chemikalien und Enzyme reagieren, die bei solchen Gedanken in den Körper ausgeschüttet werden. Die kemetische Spiritualität war sich dieses Zusammenhangs bewusst und ermutigte schon vor Tausenden von Jahren zu reinem Denken. Erst in jüngster Zeit haben wissenschaftliche Studien diesen Zusammenhang erkannt. Wenn man nicht darauf achtet, seine negativen Gedanken zu kontrollieren und zu stabilisieren, kann dies auf lange Sicht eine epigenetische Wirkung haben (Mate, 2022). Ein epigenetischer Effekt ist ein Effekt, der Sie auf genetischer

Ebene beeinflusst und somit an Ihre Nachkommen weitergegeben werden kann. So könnte die Lebererkrankung, die Sie durch zu viele Sorgen verursacht haben, vererbbar werden, da sowohl Ihre Kinder als auch Ihre Enkelkinder sie entwickeln könnten. Daher können einige Arten von Krankheiten, die als genetisch bedingt gelten, einfach dadurch vermieden werden, dass man einen reinen Geist bewahrt. Wenn Sie erkannt haben, dass ein gesunder Geist sich auf Ihr allgemeines Wohlbefinden auswirken kann, können Sie darauf hinarbeiten, dass Ihre Umgebung und Ihr Lebensstil diesen gesunden Geist gedeihen lassen.

Um sicherzustellen, dass Sie die meiste Zeit Ihres Lebens eine positive Einstellung behalten, wäre es von Vorteil, einen Beruf zu wählen, der Ihrer Persönlichkeit entspricht (Muata Ashby, 2002). Wenn Sie sich auf Ihre Arbeit konzentrieren, wird diese zu einer meditativen Übung. Wenn Sie sich während Ihres Arbeitstages überwiegend in einem Zustand der Leichtigkeit befinden, sind Sie weniger anfällig für Unwohlsein. Die positiven Emotionen, die sich aus der Freude an Ihrer Arbeit ergeben, führen zu einer anhaltend positiven Einstellung. Dies wird sich sowohl kurz- als auch langfristig positiv auf Ihre Gesundheit auswirken.

## DIE SIEBEN HERMETISCHEN PRINZIPIEN

Zusätzlich zu den Gesetzen von Ma'at sind die sieben hermetischen Prinzipien ein weiteres Mittel, um ein Gleichgewicht zu erreichen. Diese hermetischen Prinzipien haben sich in ihrer Anwendung auf der ganzen Welt erhalten. Ihre Übernahme in die griechische Kultur hat einen großen Einfluss auf ihre Fähigkeit, im modernen spirituellen Verständnis zu bestehen. Die hermetischen Prinzipien wurden uns von dem Gott Hermes Trismegistus überliefert. Zusammen mit Theurgie und Astrologie ermöglichen sie Ihnen den Zugang zur Weisheit des Universums. Ich werde diese Prinzipien hier kurz erwähnen und sie im Kapitel über die kemetische Wissenschaft näher erläutern.

1. Das Prinzip des Mentalismus
2. Der Grundsatz der Entsprechung
3. Das Prinzip der Vibration
4. Das Prinzip der Polarität
5. Das Prinzip des Rhythmus
6. Das Prinzip der Kausalität
7. Der Grundsatz des Geschlechts

Zusammengenommen sollten diese Grundsätze Sie auf Ihrer Reise als spiritueller Eingeweihter bei Ihren täglichen Entscheidungen leiten.

## GÖTTLICH WERDEN

Der Kemetismus ist mehr Theurgie als Theologie. Das bedeutet, dass er über das Studium der Götter und Göttinnen hinausgeht. Es ist eine Lebensweise, bei der man danach strebt, wie die Götter und Göttinnen zu sein, indem man sich ihre positiven Aspekte zu eigen macht. Sie müssen die Herausforderungen verstehen, mit denen die Götter und Göttinnen im Laufe ihres Lebens konfrontiert waren, und dann daran arbeiten, diese Herausforderungen in Ihrem eigenen Leben zu bewältigen. Sie können von den Wegen lernen, die die Götter und Göttinnen gegangen sind, und sich von ihnen inspirieren lassen. Neben der

Nachahmung beinhaltet die Theurgie auch die aktive Anrufung der Götter, damit sie in Ihrem Leben anwesend sind und Ihre täglichen Angelegenheiten leiten. Dazu gehören Gebete, Rituale und andere spirituelle Praktiken wie Yoga. Auf diese Weise können Sie die Anwesenheit und Energie der Gottheit nutzen, um Herausforderungen zu meistern, so wie Sie mit einem Regenmantel durch den Regen gehen können, ohne nass zu werden. Der Regenmantel macht Sie nicht wasserdicht, aber er verhindert, dass Sie direkt vom Wasser getroffen werden. Wenn Sie einen Regenmantel tragen, kommen Sie trocken an Ihrem Ziel an. Wenn Sie sich in der Theurgie üben, meistern Sie die Herausforderungen des täglichen Lebens, ohne die tiefen emotionalen und spirituellen Auswirkungen, die manche Ereignisse mit sich bringen können. Das Praktizieren der Theurgie kann Ihnen auch helfen, die Auswirkungen früherer negativer Ereignisse zu überwinden. So haben Sie die besten Voraussetzungen, um Ihre Lebensziele zu erreichen.

Sie können nicht nur etwas über ihr Leben lernen, sondern auch enger mit den universellen Gesetzen und Energien zusammenarbeiten. Dies können Sie tun, indem Sie bewusst an Ritualen teilnehmen, z. B. indem Sie Ihren Vorfahren und Geistführern huldigen. Das wird Ihnen helfen, auf die hermetischen Gesetze zu achten und so zu leben, dass Sie mit ihnen in Einklang kommen. Die Fähigkeit, dies zu tun und so die Ereignisse zu ihren Gunsten zu beeinflussen, war das, was die Magie im alten Kemet ausmachte. Tatsächlich gab es in Kemet einen Gott der Magie, und sein Name war Heka. Er wurde gewöhnlich mit einem Kopfschmuck und zwei erhobenen Händen abgebildet. Er war so sehr in alle Aspekte des Lebens eingebettet und präsent, dass er aufgrund seiner Allgegenwärtigkeit fast unsichtbar schien. Daher wird auch Ihnen empfohlen, sich der Allgegenwart magischer Kräfte und der Fähigkeit, dadurch außergewöhnliche Ergebnisse zu erleben, bewusst zu sein.

Gesundheit ist ein Zustand von Geist, Körper und Seele. Diese drei Aspekte des Selbst müssen gesund und im Gleichgewicht sein, wenn Sie Ihre Gesundheit auf Dauer erhalten wollen. Laut der Kemetismus-Expertin Muata Ashby müssen "Krankheit und Unwohlsein auf der Seelenebene durch die Disziplin der Meditation, auf der mentalen Ebene durch das Studium und Verstehen des Lebenssinns ... und auf der körperlichen Ebene durch die richtige Ernährung und Bewegung angegangen werden." Ein kemetischer Lebensstil, der kemetisches Yoga, Meditation über die Gesetze von Ma'at, eine kemetische Ernährung und ein spirituelles Studium umfasst, kommt also Ihrer allgemeinen Gesundheit und Ihrem Wohlbefinden zugute. Wenn Sie in einem gesunden Körper, mit einem gesunden Geist und einer gesunden Seele leben, leben Sie in Harmonie mit sich selbst und in Übereinstimmung mit den Gesetzen von Ma'at. Daher ist eine kemetische Lebensweise, die darauf abzielt, Ihr spirituelles Leben zu verbessern, für alle Aspekte Ihrer Existenz von Vorteil.

HET HERU

2

# DER BAUM DES LEBENS UND WIE MAN IHN NUTZT, UM EIN HÖHERES BEWUSSTSEIN ZU ERLANGEN

Der Baum des Lebens wurde von verschiedenen Religionen popularisiert. Beweise für seine Existenz finden sich in Glaubensvorstellungen, religiösen Texten und geografischen Orten, die von der Kabbala, dem Buddhismus, der keltischen Religion, dem Christentum, der türkischen Religion, den Assyrern, den Mayas, den amerikanischen Ureinwohnern, dem Hinduismus, dem Islam und China reichen. Allen gemeinsam ist, dass sie den Baum des Lebens als Bindeglied zwischen Himmel und Erde sehen. Einige Kulturen sehen den Lebensbaum auch als eine Kraft, die Familien, Kulturen und Gesellschaften zusammenhält.

Die Darstellungen des Lebensbaums in diesen Kulturen zeigen einen Baum, dessen Wurzeln und Äste sich in die Tiefe und in die Höhe strecken, um schließlich Teil des Kreises zu werden, in dem er eingeschlossen ist. Diese Visualisierungen verdeutlichen, dass der Lebensbaum ein Werkzeug ist, um von unseren irdischen Wurzeln bis zu einer Ebene zu wachsen, auf der wir das Göttliche im Himmel umarmen. Indem wir den Baum des Lebens auf unserer spirituellen Reise verwenden, können wir höhere Ebenen des spirituellen Bewusstseins erreichen und gleichzeitig einen positiven Einfluss auf die Menschen um uns herum ausüben, während wir unser tägliches Leben leben. Wenn wir den Baum des Lebens als Werkzeug für spirituelle Erleuchtung nutzen, können wir sowohl den Himmel als auch die Erde umarmen.

Der kemetische Baum des Lebens reicht ebenfalls von der Erde bis zum Himmel. Anstelle eines Baumes verwendet er jedoch die Form eines Obelisken als visuelle Darstellung. Die lange Säule steht für die verschiedenen Stufen und die zahlreichen Verbindungspunkte der verschiedenen Götter und Göttinnen, die in der Schöpfungsgeschichte dargestellt werden. Der dreieckige Benben-Stein an der Spitze des Bauwerks stellt den Verbindungspunkt zu Gott, dem Schöpfer, in Form der aufgehenden Sonne dar, auch bekannt als Amen Ra oder Amun Ra. Auf dem Benben-Stein landete Ra, als er aus den Wassern von Nun auftauchte. Von diesem Aussichtspunkt aus nutzte er die Energie der Schwingung, um die Welt zu erschaffen. Wenn wir vom Benben-Stein hinuntersteigen und entlang der Säule des Obelisken reisen, treffen wir auf verschiedene Daseinsebenen, die jeweils mit verschiedenen Prinzipien verbunden sind. Jedes dieser Prinzipien oder Götter in diesen Existenzebenen repräsentiert einen Punkt auf der Reise des Menschen auf seinem Weg nach oben zur Erleuchtung. In der entgegengesetzten Richtung stellen diese Punkte die Reise der Schöpfung vom Ätherischen abwärts in Richtung zunehmender Dichte dar. Abgesehen von dem Obelisken mit dem pyramidenförmigen Benben-Stein auf der Spitze kann die Pyramidenstruktur auch als Baum des

Lebens gesehen werden. Dazu müssen wir die Prinzipien einbeziehen, die die Grundstruktur bilden, die die Existenz der Schöpfung ermöglicht. Dies sind die Prinzipien, die als Nebethetepet und Iusaaset bekannt sind. Sie kommen zusammen, um Zeit und Raum zu bilden und eine Plattform zu schaffen, auf der die Schöpfung existieren kann. Zusammen mit Ra bilden sie eine dreieckige Struktur, die den Obelisken verankert, der die Schöpfungsgeschichte darstellt.

Wenn Sie den Obelisken oder die Pyramide als Struktur verwenden, die Ihnen hilft, sich mit den Prinzipien der Schöpfung zu identifizieren und sie in Ihrem Leben zu manifestieren, müssen Sie die Reihenfolge verstehen, in der die Prinzipien während des Schöpfungsprozesses erschienen sind. Sie müssen auch die Eigenschaften dieser Prinzipien verkörpern, um die Herausforderungen zu bewältigen, denen jedes Prinzip während seines Entstehens begegnete. Die Herausforderungen, mit denen die Prinzipien im Laufe ihres Lebens konfrontiert waren, und die Art und Weise, wie sie diese kontinuierlich bewältigt haben, sind auch ein Leitfaden, der Ihnen hilft, in Ihrem Leben Größe zu erreichen, indem Sie die Verhaltensweisen nachahmen, die ihnen geholfen haben, Herausforderungen zu überwinden.

Während des Schöpfungsprozesses ging jedes Prinzip vom Göttlichen in einem abwärts gerichteten Schöpfungsprozess aus. Auf Ihrer spirituellen Reise werden Sie jedes Prinzip in der umgekehrten Reihenfolge einsetzen, in der es erschaffen wurde. Jeder Schritt, den Sie auf dieser Leiter nach oben machen, bringt Sie Ihrer Göttlichkeit näher. Je mehr Sie die positiven Aspekte des jeweiligen Gottes oder der jeweiligen Göttin verkörpern, desto größer wird Ihr spirituelles Wachstum sein. Das ultimative

Ziel ist es, dass Sie die Ausrichtung auf den Schöpfergott Ra erreichen.

Um Ihnen auf Ihrer Reise zu helfen, lassen Sie uns einen tieferen Blick auf den Schöpfungsprozess und die Prinzipien in ihrer Reihenfolge des Erscheinens auf den vier Ebenen der Existenz werfen.

## EBENEN DES DASEINS

Der kemetische Lebensbaum geht auf das Jahr 4000 v. Chr. zurück und wird durch einen Obelisken oder eine Pyramide dargestellt, um den Weg zur spirituellen Erleuchtung zu verdeutlichen. Der Obelisk ist in vier Daseinsebenen unterteilt, durch die der Aufstieg erfolgen muss, um einen göttlichen Zustand zu erreichen. Jede Existenzebene steht für eine andere menschliche Fähigkeit, die auf dem Weg zur Erleuchtung eingesetzt und überwunden werden muss.

Erleuchtung wird erlangt, indem man die Herausforderungen überwindet, denen man begegnet, wenn man sich den Prinzipien stellt, die in jeder der vier Ebenen der Existenz wohnen. Jedes Prinzip wird durch eine Gottheit repräsentiert, die die höchste Kraft darstellt, für die es verantwortlich ist.

Indem Sie als spirituell Suchender oder Eingeweihter jede Kraft in sich selbst erobern, können Sie von der Beherrschung der dichtesten Elemente zu den ätherischeren übergehen. Wenn Sie alle 11 dieser Kräfte gemeistert haben, werden Sie eine Ebene der Transzendenz erreichen.

Die Kräfte werden oft als ein innerer Antrieb oder ein Wunsch empfunden. Dies wird Ihnen helfen zu verstehen, wo Sie sich auf der Reise befinden, worauf Sie sich konzentrieren müssen und wie Sie die aktuellen Herausforderungen in jedem Moment meistern können. Die Grundsätze werden im Folgenden in der Reihenfolge ihrer Entstehung, also von oben nach unten, dargestellt. Denken Sie jedoch daran, dass Ihre spirituelle Reise ein Aufstieg von unten nach oben ist. Mit jeder Herausforderung, die Sie überwinden, werden Sie einer anderen begegnen, die auf dem Baum des Lebens höher steht. Wenn Sie Ihre spirituelle Reise fortsetzt, werden Sie aufsteigen, bis Sie die Göttlichkeit von Ra erreichen.

## NONNE

Die Schöpfungsgeschichte beginnt in der ersten Ebene der Existenz, die Nun, das undifferenzierte Bewusstsein, ist. Aus diesen chaotischen Wassern von Nun erhebt sich Ra und setzt sich auf den Ben-ben-Stein. Nun ist das absolute Reich der transzendentalen Welten.

## RA, ODER RE

Ra ist der Schöpfergott und wird von einem falkenköpfigen Mann mit einer Sonnenscheibe auf dem Kopf dargestellt. Er erschuf den Gott Shu und die Göttin Tefnut, nachdem er aus den Wassern von Nun aufgestiegen war. Shu und Tefnut stehen für Luft und Feuchtigkeit.

Ra steht für das Wachstum der Lebewesen durch die Kraft der Sonne, die Ra verkörpert. Ra drückt sich in verschiedenen Formen aus, z. B. als aufgehende Sonne - Amun Ra - und als untergehende Sonne - Tem Ra. In beiden Zuständen bereitet sich Ra darauf vor, eine große Menge an Energie für die Hälfte des Tages aufzuwenden. Als Amun Ra bereitet er sich darauf vor, die Erde zu erhellen und ihr Wärme und die Fähigkeit zum Wachstum und zur Erzeugung von Nahrung durch die Effekte der Photosynthese zu bringen. Als Tem Ra ist er jedoch im Begriff, von der Himmelsgöttin Nut verschluckt zu werden. Wenn Nut Ra verschluckt, nimmt sie die Form des Nachthimmels an. Hier betritt er die Unterwelt und verbringt die ganze Nacht damit, 12 Tore zu durchschreiten und gegen den Schlangengott Apep zu kämpfen. Am nächsten Tag taucht er schließlich siegreich in der Gestalt der Morgensonne wieder auf.

Während der Obelisk den Baum des Lebens darstellt, sitzt Ra auf der Spitze des Benben-Steins, der sich auf der Spitze des Obelisken befindet. Dies weist auf seine Rolle als Statthalter über alle anderen Gottheiten hin, die sich auf dem Baum des Lebens und auf der Schöpfungsreise befinden. Würde man den Benben-Stein bis zum Boden verlängern, würde man feststellen, dass er auf der Bodenebene die Form einer Pyramide bildet. Diese Pyramide ist auf beiden Seiten durch Nebethetepet und Iusaaset verankert. Sie sind der Gott und die Göttin, die am Anfang der Schöpfung da waren, als Ra die Welt erschuf. Aufgrund ihrer Rolle als Anker der großen Pyramide befinden sie sich jedoch nicht in der Nun-Ebene. Sie befinden sich in der untersten Ebene der Existenz, der Ta.

## DUAT

Als Ra aus den Wassern von Nun auftauchte, gelangte er in das Reich der Toten - den Duat. Dies wird auch als das Astralreich bezeichnet. Hier erschien er in der Form, die er annimmt, wenn er dieses Reich betritt, nämlich als Atum Ra oder Tem Ra. Als er in diesem Raum war, machte er sich daran, die Welt zu ordnen, indem er die Göttin Ma'at erschuf. Hier im Totenreich schuf er auch Ma'ats Gefährtin, Djehuti. In diesem Reich werden sie von Het-Heru begleitet, auch bekannt als Hathor, die Göttin des Himmels.

Duat, die Kausalebene, ist das Zentrum der geistigen Fähigkeiten wie Bewusstsein und Individualität. Die Prinzipien von Gleichgewicht und Ordnung sowie der Intellekt sind auf dieser Ebene zu finden. Ma'at ist Gleichgewicht und Ordnung, während Djehuti der Intellekt ist. Sie werden durch die subtile Kraft der Ordnung zusammengehalten, die durch Het-Heru repräsentiert wird.

## MA'AT

Ma'at steht für Ordnung. Sie ist die Göttin der Wahrheit, des Gleichgewichts und der Ordnung. Wenn Sie im Laufe Ihres Lebens nach den Gesetzen von Ma'at handeln, stellen Sie sicher, dass Ihr Leben im Einklang mit den universellen Gesetzen steht. Diese universellen Gesetze von Ma'at wurden als Grundstruktur für die gesamte Existenz geschaffen. Ra hat Ma'at ins Leben gerufen, bevor der Rest der Schöpfung in Gang gesetzt wurde. Die hermetischen Gesetze folgen dem Prinzip von Ma'at, und wenn man mit ihnen in Einklang ist, ist man in Einklang mit der gesamten Schöpfung. Aus diesem Grund führt die Annahme dieser Gesetze dazu, dass Sie Ihre Absichten schneller manifestieren können, als wenn Sie sich in einem Zustand der Unordnung und des Chaos befinden.

## DJEHUTI ODER THOTH

Djehuti, auch bekannt als Thoth, repräsentiert den Intellekt. Er ist der Gott der Weisheit, der Magie, des geschriebenen Wortes und des Mondes. Thoth war der Gott des Gleichgewichts und arbeitete daher eng mit Ma'at zusammen. Er wurde oft als Mann mit dem Kopf eines Ibis oder als sitzender Pavian dargestellt. Seine Nähe zu Ra zeigt sich in der Sonnenscheibe, die er oft auf dem Kopf trägt. Er ist ein Schreiber und Berater der Götter. Er regiert auch über die Gerechtigkeit auf der Erde. Er vertreibt Apophis oder Apep, die Schlange des Chaos, die jede Nacht versucht, Ra zu verschlingen. Thoth kennt die Vergangenheit und die Zukunft, einschließlich des Schicksals eines jeden Menschen vom Augenblick seiner Geburt an. Er zählt die Tage und Jahre der Menschheit. Wenn Menschen sterben, hilft er ihnen, die Halle der Gerechtigkeit zu durchschreiten, indem er sie mit Zaubersprüchen ausstattet, die sie gegen die Dämonen der Unterwelt einsetzen können.

Thoth ist auch als Hermes Trismegistus bekannt. In dieser Darstellung brachte er uns die hermetischen Prinzipien. Diese Prinzipien leiten uns über die Art und Weise, wie die Gesetze des Universums funktionieren. Sie zeigen uns, wie wir uns verhalten sollen, wenn wir uns mit diesen Gesetzen auseinandersetzen wollen, um Veränderungen in unserem Leben zu bewirken. Er brachte uns auch *die Smaragdtafeln von Thoth*, die von den letzten Tagen von Atlantis erzählen und davon, wie seine Liebe zum Wissen zu seiner Verwandlung von einem Menschen in Atlantis zu einem Gott in Ägypten führte.

## HET-HERU ODER HATHOR

Hathor ist die kriegerische Göttin mit der Sonnenscheibe und den Stierhörnern. Als Kriegerin ist sie Teil des Konsortiums, das als das *Auge des Ra* bekannt ist. Dies ist das Team, das Ra auf die Erde schickte, um die Ordnung wiederherzustellen. Eine Geschichte über Hathor besagt, dass Sekhmet einst auf die Erde geschickt wurde, um die Menschheit für ihr Fehlverhalten zu bestrafen. Als Sekhmet ankam, begann sie, die Menschen wahllos zu töten, weil sie alle gesündigt hatten. Ra brachte Sekhmet mit einem Trick dazu, Bier zu trinken, das wie das Blut der Menschen aussah. Der Alkohol ließ sie einschlafen, und als sie wieder aufwachte, war sie nicht mehr Sekhmet, sondern hatte die Gestalt der lebenslustigen Hathor angenommen.

Hathor ist eine lebenslustige Göttin, deren Geschenk an die Welt Dankbarkeit ist. Das Einhalten religiöser Rituale, das Beten und die Teilnahme an Festen ist ihr Rezept für ein gutes Leben. Diese Haltung der Dankbarkeit, die sie lehrt, ermöglicht es Ihnen, die Gesetze von Ma'at einzuhalten, wenn Sie sie kultivieren können. Die Wirkung der Dankbarkeit setzt sich bis ins Jenseits fort, denn sie sorgt dafür, dass das Herz so leicht wie eine Feder ist und somit die Hallen des Gerichts passieren kann.

## PET

Nachdem die Strukturen für das Universum geschaffen waren, erschuf Ra Shu und Tefnut - Luft und Feuchtigkeit -, indem er sie entweder ausspuckte oder in die Luft nieste. Dies waren seine Kinder, die er auf der himmlischen Ebene ansiedelte. Sie wiederum schufen Geb und Nut - die Erde und den Himmel.

Oberhalb der physischen Ebene befindet sich Pet, die Astralebene. Auf dieser Ebene befinden sich Träume, Ideen, Gedanken, Gefühle und Vorstellungen. Die Prinzipien, die Sie überwinden müssen, um diese Ebene zu erobern, bestehen aus Luft oder Äther, Erde, Wasser und dem Himmel. Daher müssen Sie Shu, Geb, Tefnut und Nut einschalten, um dies zu erreichen.

## SHU

Shu steht für Luft, Raum und Äther. Shu ist der Gott des Lichts und eine Kraft der Bewahrung. In seiner Gegenwart findet Bewahrung statt. Um dieses Konzept zu verstehen, denken Sie daran, wie Lebensmittel, die dehydriert wurden, für den Verzehr über einen längeren Zeitraum konserviert werden können.

Seine Bilder zeigen ihn mit Straußenfedern auf dem Kopf. In der einen Hand trägt er ein Ankh, das den Lebensatem symbolisiert. In der anderen Hand trägt er ein Zepter, das für Macht steht. Oft sieht man ihn, wie er mit beiden Händen den Himmel - die Nuss - hochhält, während seine Füße neben Geb - der Erde - auf dem Boden ruhen. In einigen Fällen wird Shu als Löwe abgebildet. Shu und Tefnut wurden auch als ein Löwenpaar verehrt.

## TEFNUT ODER TEFENET

Tefnut steht für Wasser und Lebenskraft. Sie ist die Göttin des Wassers, die durch die Zufuhr von Feuchtigkeit Veränderungen herbeiführt. Indem sie den Wandel herbeiführt, schafft sie das Konzept der Zeit, das dazu dient, die Zustände vor und nach dem Wandel zu unterscheiden.

Man sieht sie mit einer Uräusschlange und einer Sonnenscheibe auf dem Kopf. Sie wurde auch mit einer Krone aus sprießenden Pflanzen auf dem Kopf dargestellt. Wie Shu trägt sie ein Ankh und ein Zepter, die für Leben und Macht stehen.

## NUT

Die Nut steht für den Himmel. Sie ist die Göttin des Himmels. Nut und Geb waren Zwillinge, die geboren wurden und sich aneinander festhielten. Als Ra dem Shu befahl, sie zu trennen, hielt er Nut über seinen Kopf und ließ Geb zu seinen Füßen liegen. Nuts Körper hält das Chaos in Schach, das sonst den Himmel durchbrechen und die Erde überwältigen würde. Es ist dasselbe Chaos, das Ra täglich in Form der Schlange Apep zu verschlingen droht, während er den Duat durchquert. Da Ra verfügt hatte, dass Nut an keinem Tag des Jahres gebären durfte, musste eine kreative Lösung gefunden werden, damit die schwangere Nut gebären konnte. Thoth fand einen Weg, der es der hochschwangeren Nut ermöglichte, zu gebären, ohne Ra zu widersprechen. Er schuf fünf zusätzliche Tage mit Hilfe von Splittern des Mondlichts. Während dieser zusätzlichen Tage konnte Nut nacheinander gebären. Der kemetische Kalender hat 360 Tage und 5 zusätzliche Tage, um den vollen Umlauf um die Sonne zu berücksichtigen. Man kann nicht umhin, sich zu fragen, ob diese fünf zusätzlichen Tage diejenigen sind, die Djehuti geschaffen hat, um Nut zusätzliche Tage zum Gebären zu geben. Schließlich passen die zusätzlichen Tage nicht ohne weiteres in den gut gegliederten kemetischen Kalender.

Nut verschluckt Ra im Westen bei Sonnenuntergang und bringt ihn im Osten bei Sonnenaufgang zur Welt. Während sie ihren inneren Körper durchquert, kämpft Ra gegen die Dämonen der Unterwelt, darunter die Schlange Apep, die Thoth zu verjagen hilft. Nut versorgt die Seelen in der Unterwelt mit frischer Luft.

Die Mutter wird in der Regel so dargestellt, dass sie sich über die Erde wölbt, wobei ihre Füße auf der linken Seite den Boden berühren und ihre Hände auf der rechten Seite des Bildes nach unten zeigen. Sie wird auch als eine Leiter zwischen der Erde und dem Himmel dargestellt, die die Seelen hinaufsteigen können, um ins Jenseits zu gelangen. Ihr Körper ist oft blau bemalt und mit Sternen bedeckt, die den Nachthimmel darstellen.

## GEB

Geb repräsentiert die Erde, denn er ist der Gott der Erde. Er ist der Zwillingsbruder von Nut, der Himmelsgöttin.

Seine Bilder stellen ihn als Gans oder als Mann mit Gänsekopf dar. Andere Bilder zeigen ihn als Mann, der die Atef-Krone trägt - eine Kombination aus der kegelförmigen weißen Hedjet-Krone mit eingerollten Straußenfedern auf beiden Seiten.

## TA

Geb und Nut hatten Kinder, die nach ihrer schwierigen Geburt auf der irdischen Ebene lebten. Sie mussten auf der Erde leben, da Ra verfügte, dass sie aufgrund der Umstände ihrer Geburt als ungeeignet für ein Leben auf der himmlischen Ebene angesehen wurden. Diese Kinder von Nut wurden zu den Protagonisten in den Geschichten, die die wichtigsten Kämpfe beschreiben, denen die Menschheit während ihres Lebens auf der Erde gegenübersteht. Es sind Kämpfe, die mit Täuschung, Neid und der Überwindung des Bösen durch Beharrlichkeit zu tun haben.

Ta ist die physische Ebene der Existenz, auf der wir das Leben erfahren. Dies ist die dichteste Ebene der Existenz. Auf dieser Ebene finden Sie die Kräfte, die als Asar, Aset, Set, Nebthet, Heru Ur, Nebethetepet und Iusaaset bekannt sind.

## ASAR, AUSAR, ODER OSIRIS

Asar repräsentiert die ewige Seele. Er ist der Gott der Fruchtbarkeit, des Lebens, des Todes und der Unterwelt. Seine Herrschaft über die Fruchtbarkeit umfasst die jährliche Überschwemmung des Nils und den landwirtschaftlichen Erfolg. Letzteres ist eine Assoziation, die seine Identität als grüner Mann zementiert. Er wurde auch als schwarzer Mann in einem Sarg dargestellt. Dies ist darauf zurückzuführen, dass er mehr als einmal von seinem Bruder Set getötet wurde und seine Frau Aset jedes Mal hart daran arbeitete, sein Leben wiederherzustellen. Als sein Bruder ihn das erste Mal tötete, wurde er mit einem Trick dazu gebracht, in einen Sarg zu steigen. Sein Bruder schloss dann den Deckel und warf den Sarg in den Nil. Doch anstatt zu sterben, wurde Asar schließlich in einer Säule aus Djed-Holz gefangen. Als Aset ihn aus der hölzernen Säule rettete, kam es zu einem zweiten Mordversuch seines Bruders. Auf seinen Bildern trägt er die Atef-Krone mit dem erkennbaren Straußenfeder-Seitenteil, während seine Hände einen Krummstab und einen Dreschflegel halten.

Asar ist der Ehemann und Bruder von Aset und der Vater von Anpu oder Anubis. Anpu ist der Sohn von Nephthys und wurde gezeugt, als sie sich verkleidete - so wird die Geschichte erzählt, um die Tatsache zu vertuschen, dass Asar ein uneheliches Kind hatte. Nephthys, die Göttin der Luft, hätte sich also als Auset, ihre Schwester und die Frau von Asar, verkleidet. Asar ist auch der Vater der Zwillinge Heru (jüngerer Horus) und Bastet. Da er der König der Unterwelt war, strebten alle Pharaonen danach, nach ihrem Tod wie Asar zu werden.

## ASET, AUSET, ODER ISIS

Aset steht für Weisheit und Intuition. Sie trägt den Titel "Mutter aller Götter", da jeder Pharao ihr Kind Heru war. Doch nach ihrem Tod strebten diese Pharaonen alle danach, ihr Ehemann Asar zu werden. Mit ihrer Macht der Wiederauferstehung konnte sie ihren Mann Asar wieder zum Leben erwecken, als sein Bruder Set ihn zum ersten Mal tötete. Nachdem sie dies getan hatte, zerschnitt Set ihn in 14 Teile, um sicherzustellen, dass er wirklich tot war. Aset sammelte jedoch alle Teile ein, damit sie ihm ein angemessenes Begräbnis bereiten konnte. Sie schuf sogar ein Ersatzkörperteil, nachdem sie seinen Penis nicht mehr finden konnte, da er von einem Krokodil verschluckt worden war. Es wäre richtig zu sagen, dass es ihrem unermüdlichen Einsatz zu verdanken war, dass Asar nach seiner Beerdigung seinen Platz als Herrscher der Unterwelt einnehmen konnte.

Mit ihrer Macht, Tote wiederzubeleben, galt Aset als hochqualifiziert in den magischen Künsten. Auf diese Weise erwarb sie sich den Ruf, alle Krankheiten heilen zu können. Sie können Aset anrufen, damit sie Ihnen in den schwierigsten Situationen zu Hilfe kommt, so wie es die alten Ägypter taten. Sie hat viele schwierige Situationen überwunden und hilft denen, die in Not sind. Ihre Fähigkeit zur Überwindung erhielt sie von Ra, nachdem sie ihn dazu gebracht hatte, ihr seinen wahren Namen zu verraten. Auf diese Weise konnte sie ihn bestechen, ihr seine Kräfte zu geben.

Es heißt, dass Bilder von Aset, die Horus säugt, die frühen Darstellungen von Maria und Jesus inspiriert haben. Horus wurde von Aset gezeugt, nachdem sie einen Phallus für ihn geschaffen hatte, um sicherzustellen, dass sein Körper bei der Bestattung vollständig war. Andere Darstellungen von ihr zeigen sie mit einer Sonnenscheibe auf dem Kopf, die von einem Thron oder einem Geierkopfschmuck getragen wird. Sie wurde auch mit einer Shuty-Krone abgebildet, die den Uräus und die Sonnenscheibe zwischen zwei Kuhhörnern trägt. Das Tragen der Shuty-Krone könnte jedoch damit zusammenhängen, dass sie in den letzten Jahren der ägyptischen Dynastien von der Bevölkerung in die Gestalt der Hathor umgewandelt wurde. Einige ihrer Darstellungen zeigen sie auch mit einer dreistufigen Krone. Sie wird mit dem Mond, dem Nil und den Sternen in Verbindung gebracht.

## SET, SETH, ODER SATET

Er war der Gott des Chaos, der Verwirrung, der Zerstörung, der Stürme, der fremden Länder, der Finsternisse, der Erdbeben und der Gewalt. Set war der Bruder von Asar, dem er im Laufe seines Lebens eine Menge gewalttätiges Chaos brachte. Set tötete Asar während eines Machtkampfes um die Herrschaft über Ägypten. Als Herrscher über fremde Länder war er auch ein Beschützer von Jägern, Soldaten und Handelskarawanen. Er stiftete Verwirrung unter den feindlichen Truppen und verhalf so der ägyptischen Armee zum Erfolg. In späteren Jahren wurde er als Freund von Ra angesehen.

Er wird als langschnäuziger Hund mit langen Ohren und gegabeltem Schwanz dargestellt

## NEBTHET, ODER NEPHTHYS

Die Göttin der Luft, Nebthet, war mit Set verheiratet und die Mutter von Anubis. Anubis ist das Kind von Asar, das Nebthet empfing, nachdem sie sich als ihre Schwester Aset verkleidet und Asar verführt hatte.

Zusammen mit Aset half sie, Asar wiederzubeleben, nachdem Set ihn getötet hatte. Dies brachte ihr den Titel "Beschützerin der Toten" ein. Sie wacht in einzigartiger Weise über die Organe in den Kanopen, die bei der Beerdigung der Toten mit ins Grab gelegt werden.

Manchmal wird sie mit einem Korb auf dem Kopf abgebildet. Sie wurde auch als trauernde Frau und als Falke dargestellt.

## HERU-UR (HORUS DER ÄLTERE)

Heru-Ur kämpfte mit Set, nachdem Set Asar im Kampf um den Thron getötet hatte. Während des Kampfes verlor Heru-Ur sein linkes Auge. Das Auge wurde von Djehuti wiederhergestellt. Folglich durchläuft der Mond verschiedene Phasen, die die Zeiten symbolisieren, in denen Urs-Heru Auge vollständig war, bis zu der Zeit, als er kein Auge mehr hatte. Wenn der Mondzyklus wieder beginnt, ist sein Auge wieder vollständig. Daher symbolisiert das Auge von Heru-Ur Wiederherstellung, Gesundheit und Schutz. Das vollständig wiederhergestellte Auge des

Heru-Ur wird durch die *Wedjat* symbolisiert, die auch als das Auge des Horus bekannt ist. Amulette mit dem Auge des Horus gelten als sehr mächtig.

In späteren Jahren wurde Aset jedoch zum Symbol für Hathor. Während dieser Zeit wird Heru-Ur als Kind oder Ehemann von Hathor dargestellt. Die Griechen nahmen Heru-Ur als Horus an und gaben ihm in späteren Jahren den Namen Apollo. Daher kann jede Erwähnung von Apollo in griechischen Texten als eine Erwähnung von Heru-Ur als Gott angesehen werden.

Heru-Ur wurde durch einen Falken oder durch eine geflügelte Sonnenscheibe dargestellt. Der geflügelte Heru-Ur, der auf einem Bild über dem Kopf schwebt, deutet auf einen König hin. In der Form eines Falken war sein rechtes Auge der Morgenstern der Macht. Sein linkes Auge war der Mond oder der Abendstern, der die Kraft hatte zu heilen.

## NBTH HOTEP, NEBETHETEPET, ODER NEHMETAWY

Nebethetepet steht für Ruhe. Zusammen mit der Bewegung, die durch Iusaaset repräsentiert wird, schaffen sie Zeit und Raum. So kommen diese beiden mit Ra zusammen, um ein Dreieck zu bilden, das die Grundlage von Zeit und Raum ist. Diese Grundlage ermöglicht es Ra, die Welt zu erschaffen.

Als Nehmetawy war sie die Frau von Thoth und zeitweise die Frau des Schlangengottes Nehebu-kau. Nehmetawy war die Beschützerin des Gesetzes und repräsentierte Weisheit und Gerechtigkeit. Der Name Nehmetawy bedeutet "diejenige, die die Bedürftigen umarmt".

Sie wird als eine Frau in einem langen Kleid dargestellt, die manchmal ein Kind trägt. Auf dem Kopf trägt sie eine Krone aus dem Sistrum, flankiert von zwei Uräen (Uräen ist der Plural von Uräus. Ein *Uräus* ist die ägyptische Kobra, die oft als Symbol auf den Kronen der ägyptischen Könige zu sehen war). Ein *Sistrum* ist ein Musikinstrument, das wie ein umgedrehtes U geformt ist, mit einem Griff an einem Ende und Stäben, die waagerecht über das U gelegt sind. Der Klang, den es erzeugt, ähnelt dem Schütteln eines Tamburins.

Jeder Uräus auf Nehmetawys Krone trug eine Sonnenscheibe auf dem Kopf. Dieses Sistrum-Instrument, das ihre Krone darstellt, ähnelt dem Instrument, das Hathor oft in der Hand hält. Es wird daher angenommen, dass es weitere Verbindungen zwischen Nehmetawy und Hathor gibt.

## IUSAASET, IUSAS, ODER SAOSIS

Iusaaset steht für Bewegung. Sie ist auch die Göttin des Baumes des Lebens. Der Baum des Lebens ist die Akazie, denn sie ist nicht nur langlebig, sondern auch essbar und hat medizinische Eigenschaften. Alle Gottheiten, außer Atum Ra, wurden unter dem Akazienbaum geboren, und Iusaaset ist die Großmutter von ihnen allen. Als Göttin der heilenden Akazie hat sie die Fähigkeit, alle Unreinheiten aus dem Körper zu entfernen und alle Krankheiten zu heilen. Ihre Fähigkeit dazu wird im *Buch der Wiederkehr des Tages*, auch bekannt als *das ägyptische Totenbuch*, beschrieben.

Zusammen mit Atum Ra erschuf sie die Welt, denn sie ist die Göttin der Schöpfung. Sie ist diejenige, die die Worte spricht, die die Welt erschaffen haben.

Sie ist auch als eines der 10.000 Gesichter der Isis bekannt. Auf ihren Bildern wird sie mit einer Sonnenscheibe zwischen zwei Hörnern dargestellt, die auf einer Geierkrone sitzt. In ihren Händen hält sie ein Ankh und ein Zepter.

Dies sind die Götter und Göttinnen der Schöpfung. Sie werden in der gleichen Reihenfolge vorgestellt, in der sie sich manifestiert haben. Wenn Sie sich jedoch mit ihnen beschäftigen, müssen Sie es von unten nach oben tun, als ein Werkzeug, das Ihnen hilft, Ihr Leben zu verbessern.

Indem Sie über die Herausforderungen meditieren, mit denen sie konfrontiert waren, können Sie von ihnen lernen, um Ihre eigenen Kämpfe zu bewältigen. Sie können sie auch um Führung in den Bereichen bitten, die sie überwunden haben. Auf diese Weise werden sie zu Ihren Begleitern auf Ihrem Lebensweg.

HEKA

3

# HERMETISCHE WISSENSCHAFT LEICHT GEMACHT FÜR MÜHELOSE VITALITÄT UND FÜLLE

Wie bereits erwähnt, wurde die hermetische Wissenschaft von Hermes Trismegistus im alten Kemet und dann im alten Griechenland eingeführt. Die von ihm eingeführten Prinzipien beruhen auf der Wissenschaft. Bis zu den jüngsten wissenschaftlichen Entdeckungen schienen diese Prinzipien jedoch von einem Glauben durchdrungen zu sein, der keine wissenschaftliche Grundlage für ihre Existenz hatte. Die Fortschritte der modernen Wissenschaft haben das wissenschaftliche Verständnis auf die Ebene gebracht, auf der Spiritualität und Religion schon immer existiert haben. Dies ist die Ebene, auf der auf Glauben basierende Handlungen zu greifbaren Ergebnissen führen. Mit diesem Wissen kommt die Erkenntnis, dass die Erhörung von Gebeten nicht mehr dem Zufall zugeschrieben werden muss. Vielmehr ist das Gebet eine Bestätigung für die erfolgreiche Umsetzung wissenschaftlich fundierter Maßnahmen. Diese Handlungen müssen in

Übereinstimmung mit der hermetischen Wissenschaft und den sieben spirituellen Prinzipien erfolgen.

Abgesehen von der Weitergabe in Familien und Geheimbünden sind die hermetischen Gesetze im Laufe der Jahrtausende weitgehend in Vergessenheit geraten. Im vergangenen Jahrhundert gab es Gelegenheiten, bei denen diese Gesetze in verschiedenen Formen auftauchten, um denjenigen, die in der Lage waren, dieses Wissen zu empfangen, eine Orientierung zu geben. Dieses Buch ist ein solcher Weg, da es die Aufmerksamkeit auf die hermetischen Gesetze in einer direkten Weise lenkt. Andere Bücher, die dies getan haben, sind *The Secret* von Rhonda Byrne, *As A Man Thinketh* von James Allen und *Think and Grow Rich* von Napoleon Hill, um nur einige zu nennen.

Diese Bücher haben versucht, unsere Aufmerksamkeit auf die Tatsache zu lenken, dass das, worauf wir unsere Aufmerksamkeit richten, zu Wachstum in diesem Bereich führt. Dies gilt unabhängig davon, ob es sich um einen positiven oder negativen Gedanken handelt, auf den wir uns konzentrieren. Unser Fokus dient in Verbindung mit unseren Emotionen als geistiger Dünger für das, was wachsen soll. Der Grund dafür sind die hermetischen Prinzipien, nach denen das Universum ausgerichtet ist. Unsere Emotionen dienen als Energiequelle, die unseren Fokus antreibt und so die Schöpfungskraft aktiviert, die in uns existiert. Wenn wir diese universellen Gesetze kennen und verstehen, sind wir in der Lage, Veränderungen in unserem Leben herbeizuführen, die aus einer Position der Unwissenheit heraus nur schwer möglich gewesen wären.

## DAS PRINZIP DES MENTALISMUS

Dieses Prinzip besagt, dass das Universum mental ist. Es bezieht sich auf die Tatsache, dass es ein höchstes Bewusstsein gibt, das die Kontrolle über das gesamte Universum hat. Es ist dieses höchste Bewusstsein, das die Bewegung der Planeten, die Gezeiten des Meeres und den Rhythmus Ihres Körpers kontrolliert (Atkinson, 1908).

Der Glaube an eine höhere geistige Macht, die das Universum geschaffen hat, ist die Grundlage der meisten Weltreligionen. Diese Religionen schreiben dieser höheren spirituellen Macht die Fähigkeit zu, die Welt zu kontrollieren und dafür zu sorgen, dass alle Vorgänge sowohl im Himmel als auch auf der Erde reibungslos ablaufen. Die abrahamitischen Religionen stellen sich diese Figur traditionell als eine Person mit menschenähnlichen Eigenschaften vor. In der eurozentrischen Version wird Gott als ein alter bärtiger Mann dargestellt, der auf einer Wolke im Himmel schwebt. Jüngste wissenschaftliche Ereignisse haben dazu beigetragen, dass wir unseren Fokus von einer einzigen physischen Entität, die die Welt kontrolliert, auf ein Verständnis der gegenseitigen Verbindung zwischen den Lebewesen verlagern. Unsere frühere Personalisierung des universellen Bewusstseins hat sich als hilfreiche Methode erwiesen, den Fokus unserer Absichten durch die Methode des Gebets zu lenken. Ihre Nützlichkeit ergibt sich aus der Vorstellung, dass die meisten Menschen nicht in der Lage sind, sich auf das Bewusstsein in ihrem Inneren oder das des Universums zu konzentrieren. Sie sind eher in der Lage, ihre Gebete auf Allah, Gott oder Jesus zu richten und ähnliche Ergebnisse zu erzielen.

Auch die alten Ägypter nutzten die Personalisierung des

universellen Bewusstseins, um ihre Gebete auf ihre Ziele auszurichten. Sie gingen über einen einzigen Gott hinaus und konzentrierten sich auf die verschiedenen Aspekte, die Gott verkörpert. Indem sie jeden Aspekt personalisierten, fanden sie einen Weg, ihre Bedürfnisse in einzelne Götter und Göttinnen aufzuteilen, die das widerspiegelten, was sie in ihrem Leben erfahren oder erreicht sehen wollten. Auf diese Weise konnten sie ihr Gebet an denjenigen Gott oder diejenige Göttin richten, der/die die von ihnen gesuchten Prinzipien verkörperte. Auf diese Weise konnten sie sich auf die spezifischen Bereiche konzentrieren, in denen sie Verbesserungen benötigten.

Sie können diesen Ansatz auch nutzen, um Ihr Gebetsleben und Ihren Manifestationsprozess zu unterstützen. Wenn Sie die Götter und Göttinnen erkennen, die für den Bereich Ihres Lebens zuständig sind, in dem Sie Wachstum erzielen möchten, können Sie sich auf die Prinzipien konzentrieren, die diese Gottheiten verkörpern. Wenn Sie dies mit der Kenntnis der hermetischen Prinzipien kombinieren, wird Ihre Fähigkeit, das gewünschte Ergebnis zu erreichen, durch Ihre Fähigkeit, eine präzisere Bitte zu äußern, verbessert. Dies ist gleichbedeutend mit einem gezielten Gebet. Anstatt zu Gott um allgemeines Wohlwollen in Ihrem Leben zu beten, können Sie zu dem Gott beten, der Ihnen hilft, Ihr Ego zu überwinden. Auf diese Weise können Sie das Prinzip der Mentalität nutzen, um Ihre Fähigkeit zur Konzentration zu steuern. Auf diese Weise werden Sie sich mit dem universellen Bewusstsein in Verbindung setzen und so die Veränderungen herbeiführen, die Sie anstreben.

Die Wissenschaft hat uns immer wieder Beweise für die Verflechtung der gesamten Realität geliefert. Die Wiederentdeckung des Atoms und seiner Bestandteile hat gezeigt, dass es sich dabei um die winzigen Teilchen handelt, aus denen alle Komponenten der Realität bestehen. Dieses Wissen hat die Art und Weise verändert, wie wir die gesamte physikalische Materie betrachten. Die Tatsache, dass das Atom gespalten werden kann, um eine mächtige Explosion zu erzeugen, hat ein Bewusstsein für die immense Kraft geschaffen, die in den Zellen eines jeden Menschen steckt.

Die Quantenphysik hat diese Atome weiter in Elektronen, Quarks und Neutronen zerlegt, deren Zustand durch bloße Beobachtung beeinflusst werden kann. Um den Zustand des Objekts zu beeinflussen, muss der Beobachter eine Absicht oder eine Erwartung an das Objekt haben. Die Quantentheorie besagt, dass ein Objekt, bevor es in der realen Welt existiert, in einem Zustand des Potenzials lebt. Es kann sein Potenzial entweder als Welle oder als Teilchen zum Ausdruck bringen, und wenn dieses Potenzial einmal zum Ausdruck gekommen ist, kann es nicht mehr zurückkehren. Dem Moment der Existenz geht eine Absicht voraus, die mit einer Beobachtung zusammenfällt. Die Absicht des Beobachters bestimmt also, ob ein Teilchen ein Teilchen bleibt oder zu einer Welle wird. Daraus lernen wir, dass das, was man in Form von Absichten im Kopf hat, das Ergebnis eines beobachteten Ereignisses beeinflussen kann. Dies ist der Anfang, um das Prinzip des Mentalismus in Aktion zu sehen.

Diese winzigen Teilchen können sich auch dann gegenseitig beeinflussen, wenn sie sich nicht in unmittelbarer Nähe zueinander befinden. In dem Maße, in dem dieses Konzept von der nichtwissenschaftlichen Gemeinschaft weiter erforscht wurde, hat sich die Anwendung des daraus resultierenden Wissens aus dem wissenschaftlichen Bereich in den spirituellen Bereich verlagert. Infolgedessen haben Praktiker wie Dr. Joe Dispenza die Quantentheorie als Hilfsmittel eingesetzt, um die Existenz eines Menschen durch die Arbeit mit dem Informationsfeld zu manipulieren (Dispenza, 2021). Indem er die Macht der Beobachtung und der Absicht anerkennt, ermutigt uns Dispenza, positive Gedanken und Gefühle aufrechtzuerhalten, wenn wir in unserem Leben positive Ergebnisse erzielen wollen. Seine Überzeugung, dass man sein Umfeld beeinflussen kann, indem man sich die Macht des Geistes zunutze macht, wird von verschiedenen spirituellen und gedanklichen Führern zunehmend aufgegriffen.

Die Grundlage dieser neuen Lehren ist der Glaube an die Existenz eines universellen Bewusstseins. Es wird angenommen, dass dieses Bewusstsein alle lebende Materie, einschließlich jedes menschlichen Wesens, miteinander verbindet. Daher muss jeder Mensch verstehen, dass er die Kraft dieses universellen Bewusstseins anzapfen kann, indem er eine positive Denkweise annimmt und damit seine Schwingung so anhebt, dass sie einer Frequenz ähnelt, die eher einer Welle (dem Informationsfeld) als einem Teilchen (der Materie) entspricht.

Eine positive Denkweise wird dafür sorgen, dass Sie in Ihrem Leben positive Ergebnisse erzielen. Wenn Sie sich hingegen auf negative Erfahrungen konzentrieren, werden Sie mehr negative Lebensszenarien erleben. Der Grund dafür ist, dass das universelle Bewusstsein auf unsere Emotionen reagiert, um uns zu zeigen, was wir gerne erleben möchten. Es versorgt uns dann mit mehr Erfahrungen, die mit der Energie und den Emotionen übereinstimmen, mit denen wir unsere Anfrage gestellt haben. Daher werden die Emotionen, die Sie am stärksten erleben, Ihr Leben in die Richtung der Gedanken lenken, die diese Emotionen beeinflussen. Dies ist einer der Gründe, warum es notwendig ist, den inneren Frieden in sich selbst zu bewahren, indem man das kemetische Prinzip von Ma'at beachtet. Wenn Sie in Ma'at leben und Ihre Bitten von dieser Ebene des Friedens aus äußern, werden Sie mehr Erfahrungen begrüßen, die dieses Gefühl in Ihrem Leben hervorrufen.

Daraus schließen wir, dass unser Umgang mit der Welt um uns herum durch unsere Absicht in Verbindung mit unseren Gefühlen beeinflusst werden kann. Auf diese Weise hat sich das Prinzip erhalten und bestätigt uns Tausende von Jahren später, dass "das Universum Geist ist".

## DAS PRINZIP DER KORRESPONDENZ

Das Prinzip der Korrespondenz ist in der Zeile "wie oben, so unten" verkörpert und kann zu "wie innen, so außen" erweitert werden (Atkinson, 1908).

Das Oben bezieht sich auf die Dinge, die das Universum regieren, während sich das Unten auf die individuellen Erfahrungen bezieht. Sie sind Spiegelungen voneinander. Dies rührt von dem Glauben her, dass das Universum ein Hologramm ist. Wenn Sie schon einmal ein Hologramm gesehen haben, werden Sie festgestellt haben, dass jede Komponente eines Hologramms ein Abbild des gesamten Hologramms ist. Im vorigen Abschnitt haben wir erörtert, dass Atome die Bausteine für die gesamte strukturelle Materie sind, aus der das Universum besteht. Wenn wir uns jedoch ansehen, wie sich einzelne Atome verhalten, stellen wir fest, dass wir durch die Spaltung eines einzigen Atoms eine Kraft erzeugen, die das Potenzial hat, eine Stadt zu zerstören oder dieselbe Stadt mit Strom zu versorgen. Dies ist auf den kontinuierlichen Expansionsprozess zurückzuführen, der stattfindet, sobald das Atom gespalten ist. Die kontinuierliche Ausdehnung der einzelnen Zelle ist vergleichbar mit dem, was derzeit mit unserem Universum geschieht, das sich ständig ausdehnt. Daher hat das winzige Atom, das ein Baustein des Universums ist, das gleiche Potenzial zur kontinuierlichen Expansion wie das Universum selbst.

Wenn wir einen Schritt vom Verhalten des Atoms weggehen und das Universum grafisch betrachten, finden wir ein erstaunliches Hologramm. Das Universum sieht aus wie eine menschliche Gehirnzelle. Dies ist eine erstaunliche Darstellung des Gesetzes der Entsprechung. Das Bild des Gehirns des Universums, das den Kosmos steuert, spiegelt sich in der menschlichen Gehirnzelle wider, die unsere innere Welt steuert.

Dieses Prinzip geht jedoch darüber hinaus, wie das Gehirn aussieht, und besagt, dass Ihre individuellen Umstände das widerspiegeln, was im Universum geschieht.

Dieser Glaube spiegelt sich in der Praxis der Astrologie wider, die auf diesem Prinzip beruht. Die Astrologie geht davon aus, dass der Zustand des Universums zum Zeitpunkt der Geburt ein Spiegelbild des Lebens ist, das man führen wird. Andere Praktiken, die dieses Konzept des Makrokosmos, der sich im Mikrokosmos widerspiegelt, nutzen, sind diejenigen, die Wahrsagerei praktizieren, indem sie eine Frage stellen, während gleichzeitig eine Handlung ausgeführt wird. Dies geschieht mit dem chinesischen I Ging, das nummerierte Münzen verwendet, ähnlich wie die traditionellen afrikanischen Spiritualisten Knochen, Steine und andere Gegenstände zur Vorhersage der Zukunft nutzten. Ihre Weissagungen beruhen auf dem Glauben, dass in dem Moment, in dem man eine Frage stellt und die

Münzen, Knochen, Steine usw. wirft, eine göttliche Übereinstimmung zwischen der Frage und der Antwort entsteht (Beitman, 2017). Die Antwort spiegelt sich in den geworfenen Gegenständen wider, und indem man die Anordnung dieser Gegenstände interpretiert, kann man die Antwort auf die Frage entschlüsseln. Das liegt daran, dass der spirituelle Bereich, aus dem Ihre Frage stammt, sich in der physischen Welt widerspiegelt, die durch die geworfenen Gegenstände repräsentiert wird.

Deepak Chopra geht sogar so weit zu behaupten, dass alle Zufälle sinnvoll sind und dass wir uns der Synchronizität von Ereignissen, die zusammen auftreten, bewusst sein müssen (Chopra, 2004).

Das heißt, wenn Sie die Welt um sich herum verstehen wollen, müssen Sie sich selbst als Individuum verstehen, denn Sie sind ein Spiegelbild Ihrer Umgebung. Wenn Sie Ihr Umfeld verändern wollen, sollten Sie auch daran arbeiten, sich selbst zu verändern, und dann Ihr Umfeld beobachten, um zu sehen, wie es die von Ihnen vorgenommenen Veränderungen widerspiegelt. Dies geschieht aufgrund der Synchronizität, die zwischen den beiden sehr unterschiedlichen und doch miteinander verbundenen Einheiten besteht.

## DAS PRINZIP DER VIBRATION

Nichts ruht, alles bewegt sich, alles vibriert (Atkinson, 1908).

Die moderne Wissenschaft ist zu dem Schluss gekommen, dass nicht nur Gaspartikel vibrieren. Schwingungen sind ein Phänomen, das bei allen physikalischen Objekten auftritt. Der Unterschied zwischen Gegenständen, die trotz ähnlicher chemischer Zusammensetzung unterschiedlich aussehen, wie z. B.

Feststoffe, Flüssigkeiten und Gase, ist auf die Geschwindigkeit zurückzuführen, mit der sie vibrieren.

Wenn wir die kemetische Schöpfungsgeschichte im Lichte dieses Prinzips betrachten, können wir die Weisheit verstehen, warum sie mit den Wassern von Nun beginnt. Diese Wasser waren ein Hinweis auf reine Potenzialität, die sich leicht zwischen verschiedenen Zuständen bewegen konnte. Es ist leicht zu beobachten, wie sich Wasser zwischen verschiedenen Zuständen bewegt. Es hat eine dichte Schwingungsform, die Eis genannt wird. Wenn es in eine höhere Schwingungsform übergeht, wird es zu Gas.

Indem wir die verschiedenen Zustände des Wassers beobachten, verstehen wir, wie die Geschwindigkeit der Schwingung den Zustand eines Objekts beeinflussen kann. Noch vor hundert Jahren waren sich die Wissenschaftler nicht der Tatsache bewusst, dass alles schwingt. Sie nahmen an, dass Festkörper fest seien und nichts sie durchdringen könne. Zu dieser Zeit war das Prinzip der Schwingung nur einer kleinen Gruppe kundiger Personen bekannt, die diese Information im Laufe der Jahrhunderte an uns weitergegeben haben.

Die Quantenphysik hat uns erneut gezeigt, dass alle Gegenstände aus kleinen schwingenden Atomen bestehen. Wir haben verstanden, dass ein Sessel eine Ansammlung von dicht gepackten Atomen ist, die langsamer schwingen als höher schwingende Gegenstände.

Dies kann auf alles zutreffen, was Sie sehen. Es ist alles Energie, die durch ihre Schwingungsgeschwindigkeit zu einer physischen Form verdichtet wurde. Damit Gegenstände direkt miteinander interagieren können, müssen sie mit der gleichen Frequenz schwingen. Die Frequenz kann diese Gegenstände zu

Gasen, Flüssigkeiten oder Festkörpern machen. Selbst Festkörper können Atome mit Vertretern anderer Zustände austauschen, wie das Phänomen zeigt, dass weiße Shorts einen grünen Grasfleck bekommen. Stellen Sie sich ein Kind vor, das draußen spielt und eine saubere weiße Hose trägt, während es einen Ball herumkickt. Das Kind fällt auf den Rasen und rutscht dabei leicht nach vorne. Als es aufsteht, ist ein grüner Fleck auf den weißen Shorts zu sehen. Irgendwie ist es zu einer Übertragung von Atomen vom Gras auf die Shorts gekommen, was zu dem Grasfleck auf den Shorts geführt hat. Dies ist ein einfaches Beispiel für die Übertragung von Atomen zwischen zwei festen Gegenständen.

## DAS PRINZIP DER POLARITÄT

"Alles ist dual; alles hat Pole; alles hat sein Paar von Gegensätzen; Gleiches und Ungleiches sind dasselbe; Gegensätze sind ihrer Natur nach identisch, aber in ihrem Ausmaß unterschiedlich; Extreme treffen aufeinander; alle Wahrheiten sind nur Halbwahrheiten; alle Paradoxe können versöhnt werden" (Atkinson, 1908).

Bei diesem Prinzip wird alles als ein extremes Maß zwischen bestimmten Elementen betrachtet. Zum Beispiel sind Liebe und Hass lediglich Messwerte eines einzigen Faktors und nicht zwei separate Faktoren. Dieses Konzept kann auf alles angewendet werden. Wenn man das Prinzip der Polarität versteht, kann man sich von einem Extrem zum anderen bewegen, indem man feststellt, was gemessen wird und sich entlang der Messmethode bewegt.

Die Anwendung dieses Grundsatzes lässt sich auf einfache

Weise nachvollziehen. Betrachten Sie die Maßnahmen, die ergriffen werden müssen, um einen Raum zu erwärmen. Die Notwendigkeit dazu ergibt sich, wenn man die Temperatur von kalt auf warm ändern will. Die Kälte ist nicht das, was gemessen oder verändert wird. Was angepasst wird, ist die Temperatur. Genauso kann alles in sein Gegenteil verkehrt werden. Man muss nur verstehen, was und wie es angepasst werden muss. Wenn Sie also die Freude messen, haben Sie sie entweder im Überfluss oder in negativen Mengen, die wir Traurigkeit oder Depression nennen. Um ein Leben zu führen, in dem Freude im Überfluss vorhanden ist, müssen Sie verstehen, wie Sie Ihr Gefühlsbarometer so einstellen können, dass der Wert der Freude ansteigt. Dies kann auf alles angewandt werden, was Sie im Leben erleben. Wenn Sie dies berücksichtigen, wird es zu einem weiteren Werkzeug in Ihrem Werkzeugkasten, mit dem Sie Ihr Leben verändern können.

Aus einem anderen Blickwinkel betrachtet bedeutet dies auch, dass Sie, wenn Sie sich in einer Situation befinden, die Ihnen nicht passt, sicher sein können, dass das polare Gegenteil der Situation existiert. Sie müssen die Messmethode herausfinden und dann die notwendigen Veränderungen vornehmen, die das Gegenteil der Situation bewirken werden. Eine der Methoden, die verwendet werden, um entgegengesetzte Zustände herbeizuführen, ist die Verwendung von Affirmationen. Die Verwendung positiver Affirmationen kann Ihre Denkweise und Ihr Umfeld im Laufe der Zeit von einer negativen zu einer positiven Umsetzung verändern. Die Verwendung von Affirmationen dient dazu, die Anzeichen Ihrer physischen Umgebung zu verdrängen. Durch die Verwendung von Sätzen, die das Gegenteil der Situation beschreiben, in der Sie sich befinden, erkennen Sie die Tatsache an, dass die Situation, von der Sie sprechen, existiert. Sie erkennen an, dass jeder Zustand ein polares Gegenstück hat, und Sie rufen den anderen Zustand durch das Prinzip der Entsprechung in Ihre Existenz. Sie sprechen von dem gewünschten Zustand, als ob er existierte, und "wie oben" in Ihrer bejahenden Erklärung wird er beginnen, sich "wie unten" in Ihrer erlebten Realität widerzuspiegeln.

## DAS PRINZIP DES RHYTHMUS

Alles fließt, hinaus und hinein; alles hat seine Gezeiten; alle Dinge steigen und fallen; die Pendelschwingung manifestiert sich in allem; das Maß der Schwingung nach rechts ist das Maß der Schwingung nach links; der Rhythmus kompensiert (Atkinson, 1908).

Das bedeutet, dass es eine Tendenz gibt, dass Dinge wie Ereignisse und Umstände in eine bestimmte Richtung fließen. Nach einiger Zeit werden sie jedoch ihre Richtung ändern und in die entgegengesetzte Richtung zurückfließen. Wenn also die Umstände nicht mit der von Ihnen gewählten Richtung übereinstimmen, können Sie sich in Geduld üben, während Sie sich auf eine Verschiebung der Umstände vorbereiten. Die Umstände werden sich ändern, aber Sie müssen darauf vorbereitet sein, damit Sie daraus einen Vorteil ziehen können.

Ein einfaches Beispiel dafür ist ein Landwirt, der Kürbisse anpflanzen möchte. Wenn er dies mitten im Winter tut, ist es unwahrscheinlich, dass diese Samen wachsen, geschweige denn eine Ernte einbringen. Er kann jedoch einiges tun, um sich auf den Sommer vorzubereiten, wenn das Wetter für eine reiche Kürbisernte günstig sein wird. Er könnte das richtige Saatgut finden, den Boden vorbereiten und dafür sorgen, dass die Wasserversorgung gesichert ist. Er könnte auch damit beginnen, Setzlinge im Haus zu pflanzen, damit er einen Vorsprung vor anderen Landwirten in der Gegend hat und seine Kürbisse früher in der Saison ernten und verkaufen kann, bevor der Markt für Kürbisse gesättigt ist. Dies wird zu einem großen Erfolg für den Landwirt führen.

Der Erfolg des Landwirts wird jedoch nicht zufällig eintreten. Er wird das Ergebnis einer sorgfältigen Beobachtung sein. Dazu muss er die Jahreszeiten verfolgen und die optimalen Bedingungen für den Kürbisanbau kennen. Selbst mitten im Winter, wenn die Wachstumsbedingungen am schlechtesten sind, wird er an dem Glauben festhalten, dass sich die Jahreszeiten ändern werden. Er glaubt, dass sich das Wetter ändern wird und dass es eines Tages mitten im Sommer sein wird. Aufgrund seiner Kenntnisse über den Wechsel der Jahreszeiten und die landwirtschaftlichen Zyklen weiß er, dass es im Hochsommer zu spät sein wird, um seine Kürbisse zu pflanzen. Daher bereitet sich der Bauer vor und wartet den Winter ab, bis das Wetter für seine Bedürfnisse optimal ist.

Auch Surfer verstehen dieses Konzept. Sie sind bereit, auf das Meer hinauszuschwimmen und auf die ultimative Welle zu warten, die sie dann an Land surfen können. Sie surfen nicht jede einzelne Welle, denn manche sind zu klein, um eine Wirkung zu erzielen. Indem sie sich jedoch in der richtigen Position befinden und warten, leben sie in dem Glauben, dass die richtige Welle kommen wird. Wenn die richtige Welle kommt, bringt sich der Surfer in eine Position, die es ihm ermöglicht, die Welle zu nutzen und sie ans Ufer zu reiten.

Was wir daraus lernen, ist, dass auch wir wie die Surfer oder

der Kürbisbauer sein sollten. Wir müssen uns so positionieren, dass wir die Veränderungen der Umstände nutzen können, wenn sie eintreten. Das bedeutet, dass wir vorbereitet sein müssen, dass wir aufmerksam sein müssen und dass wir in der Lage sein müssen, sofort zu handeln, wenn sich eine Gelegenheit ergibt. Wenn wir das nicht tun, könnte das bedeuten, dass wir, wenn wir Surfer sind, die große Welle verpassen und am Ende auf einer kleineren Welle ans Ufer reiten müssen. Wenn wir Landwirte sind, könnte es bedeuten, dass wir Kürbisse nur einmal statt zweimal in der Saison ernten.

Man kann es auch so sehen, dass man den Weg des geringsten Widerstands wählt, indem man aufmerksam ist und die Zeit und Energie nutzt, die einem zur Verfügung stehen.

## DAS PRINZIP DER KAUSALITÄT

Jede Ursache hat ihre Wirkung; jede Wirkung hat ihre Ursache; alles geschieht nach einem Gesetz; der Zufall ist nur ein Name für ein nicht erkanntes Gesetz; es gibt viele Ebenen der Verursachung, aber nichts entgeht dem Gesetz (Atkinson, 1908).

Jede unserer Handlungen hat eine Konsequenz; daher müssen wir die richtigen Maßnahmen ergreifen, wenn wir die gewünschten Ergebnisse erzielen wollen. Ebenso müssen wir uns der Möglichkeit unbeabsichtigter Folgen bewusst sein und versuchen, Handlungen zu vermeiden, die zu solchen Folgen führen können.

Aus wissenschaftlicher Sicht ist dies in Newtons drittem physikalischen Gesetz verankert, das besagt, dass jede Aktion eine gleiche und entgegengesetzte Reaktion hat. Wir können dies in der Physik beobachten, wenn wir sehen, wie ein Tennisball gegen eine Wand prallt. Die Wand gibt nicht nach und lässt den Ball nicht durch sie hindurch. Stattdessen prallt der Ball mit der gleichen oder einer ähnlichen Geschwindigkeit und mit dem gleichen Aufprall zurück, mit dem er gegen die Wand geprallt ist. Wenn wir bedenken, dass alle Materie aus schwingender Energie besteht, sind wir eingeladen, das universelle Bewusstsein in diese Gleichung einzubeziehen.

Die Berücksichtigung des Bewusstseins bedeutet, dass die Auswirkungen der gegensätzlichen Kräfte nicht nur auf unsere Handlungen, sondern auch auf unsere Gedanken und Gefühle angewendet werden können. Wenn Sie also den Fußball so sehr hassen, dass Sie ihn vehement ablehnen, werden Sie dem Fußball in Ihrem Leben wahrscheinlich häufiger begegnen, als wenn Sie überhaupt keine Emotionen für ihn hegen. Das liegt daran, dass Ihre Emotionen so sind, als würden Sie einen Fußball gegen die Wand des Universums werfen, und das Universum wird Ihnen das zurückgeben, was Sie ihm zuwerfen. Daher werden Sie mehr Fußbälle erhalten.

Wenn Sie Fremde auf der Straße anlächeln, ist die Wahrscheinlichkeit größer, dass diese Sie ebenfalls anlächeln. Sie empfangen das, was Sie von sich geben. Ihre Handlung, die die Ursache ist, empfängt ihre Wirkung, die das Ergebnis der Handlung ist. Was Sie zurückerhalten, entspricht dem, was Sie geben.

Dieser Grundsatz ist in verschiedenen Religionen als das Gesetz von Saat und Ernte verankert, das besagt, dass man erntet, was man sät, oder als das Gesetz des Karmas, das besagt, dass man für seine Taten belohnt wird. In einigen Texten heißt es, dass man ein Vielfaches davon ernten wird, so wie ein Bauer, der ein einziges Korn sät, mehrere Ähren mit einigen hundert Samen ernten wird. In diesen Texten heißt es also, dass die

Auswirkungen Ihrer Handlungen vervielfacht werden, wenn sie zu Ihnen zurückkehren.

Dies ist ein universelles Prinzip, das wir nicht ignorieren sollten, wenn wir im Leben etwas Gutes erreichen wollen. Wir müssen uns des Potenzials bewusst sein, schlechte Saat zu säen. Wenn wir uns also bei Praktiken ertappen, von denen wir nicht wollen, dass sie sich in der Zukunft negativ auf uns auswirken, müssen wir unser Möglichstes tun, um sie anzusprechen und zu korrigieren, damit wir die potenziellen Auswirkungen des zukünftigen negativen Karmas neutralisieren.

Manchmal werden wir überrascht, wenn wir auf unerwartete Weise gute Saat ernten. Dann sollten wir froh sein, dass wir irgendwann in der Vergangenheit eine gute Saat gesät haben, die nun endlich aufgeht und zur Ernte bereit ist.

## DAS PRINZIP DES GESCHLECHTS

Das Geschlecht steckt in allem; alles hat seine männlichen und weiblichen Prinzipien; das Geschlecht manifestiert sich auf allen Ebenen (Atkinson, 1908).

Kreativität entsteht durch die Interaktion zwischen dem männlichen und dem weiblichen Aspekt. Dazu gehört das Geben eines Samenkorns und das Empfangen eines Samenkorns unter Umständen, die es ihm ermöglichen, für eine fruchtbare Reifezeit genährt zu werden. Der Same, den Sie aussäen, könnte Zeit, Geld oder Ihre körperliche Anstrengung sein. Dieser Same muss in fruchtbaren Boden gepflanzt und bewässert werden, damit er Früchte tragen kann.

Stellen Sie sich vor, Sie sind ein Künstler und haben eine Idee (ein Samenkorn), die Sie dann auf eine Leinwand bringen.

Wenn Sie diese Leinwand durch das Hinzufügen verschiedener Schichten und Farben aus Ihrer Farbpalette nähren, werden Sie schließlich Ergebnisse sehen. Diese Ergebnisse werden in Form eines schönen Gemäldes zu sehen sein, das von anderen geschätzt wird.

Jeder Mensch trägt sowohl männliche als auch weibliche Züge in sich, unabhängig davon, ob er biologisch gesehen männlich oder weiblich ist. Es ist die Tätigkeit, die von der Person ausgeübt wird, die bestimmt, ob die gezeigten Eigenschaften männlich oder weiblich sind. Eigenschaften wie Kreativität und Aufnahmefähigkeit sind eher weiblich, während Logik und Führungsqualitäten männliche Eigenschaften sind. Diese Eigenschaften wirken am besten, wenn sie zusammen wirken. Die Eigenschaften unterstützen sich gegenseitig. Kreativität braucht Führung, und Führung braucht etwas, um zu führen.

Die Fähigkeit, diese Eigenschaften zu zeigen, zeigt sich nicht nur bei Menschen, sondern auch bei Ereignissen und Gegenständen. So sind beispielsweise Ereignisse, die zu neuen Wegen führen, von männlicher Energie geprägt, während Ereignisse, die Gesellschaften nähren und wachsen lassen, von weiblicher Natur sind.

Dies muss in allen Aspekten und auf allen Ebenen der Existenz erkannt werden. Sobald Sie das Geschlecht eines Ereignisses, einer Organisation oder eines Objekts verstehen, kann dies Ihre Interaktion mit diesem leiten. Da das Geschlecht die Grundlage für Kreativität und Regeneration ist, ist es von Vorteil, das Wissen über die Geschlechter während des Schöpfungsprozesses anzuwenden. Das bedeutet, dass Sie je nach dem Geschlecht, mit dem Sie konfrontiert sind, wählen können, ob

Sie das Ereignis lenken oder fördern wollen. Dadurch wird die Schöpfung ermöglicht.

Auch unsere geistigen Fähigkeiten als menschliche Wesen haben sowohl männliche als auch weibliche Züge. Dies zeigt sich darin, dass es sowohl ein bewusstes als auch ein unterbewusstes Denken gibt. Während der bewusste Verstand neue Informationen aufnimmt, verwendet das Unterbewusstsein bereits vorhandene Informationen, um sich mit den täglichen Aktivitäten zu beschäftigen und unbewusste Entscheidungen zu treffen. Um neue Ergebnisse zu erzielen, müssen sowohl das bewusste als auch das unterbewusste Gehirn eingeschaltet werden. Die Aufgabe des Unterbewusstseins besteht darin, sich um die täglichen Aktivitäten wie Atmung und Verdauung zu kümmern. Man tut diese Dinge, ohne darüber nachzudenken. Das Unterbewusstsein ermöglicht auch große Veränderungen, ohne dass Sie sich dessen auf bewusster Ebene bewusst sind. Das Unterbewusstsein tut dies, indem es dafür sorgt, dass die Entscheidungen, die Sie täglich treffen, in Übereinstimmung mit Ihren vorherrschenden Glaubenssystemen getroffen werden. Laut *The Power of The Subconscious Mind* von Joseph Murphy können Sie Ihr Unterbewusstsein beeinflussen, indem Sie es aktiv mit neuen Informationen und Glaubenssätzen füttern. Wenn Sie dies über einen gewissen Zeitraum hinweg beharrlich tun, werden Sie die männlichen Eigenschaften Ihres Gehirns nutzen, um die weiblichen zu beeinflussen. Dies wird dazu führen, dass Sie ein neues Paradigma und eine neue Realität für sich selbst schaffen.

Wenn Sie ein Künstler sind, arbeiten Sie aus geschäftlicher Sicht besser mit männlichen Energien, die Sie in die Richtung lenken können, die zum Wachstum Ihrer Kunstwerke durch erhöhte Verkäufe führen kann, während Sie sich auf Ihre Kreativität konzentrieren. In diesem Fall ist die Kreativität eine weibliche Energie, und sie benötigt männliche Energie, um zu wachsen. Wenn Sie ein Geschäftsmann mit einer großartigen Strategie und Vision für die Zukunft sind, werden Sie vielleicht feststellen, dass Sie diese Strategie nicht umsetzen können, ohne Menschen mit kreativen Energien und Ansichten in Ihr Unternehmen einzubeziehen. Diese Menschen werden Ihre Geschäftsstrategie aufgreifen und ihre Kreativität einsetzen, um sie zum Leben zu erwecken, indem sie die Idee von der Saat bis zu ihrem vollen Potenzial wachsen lassen.

Damit der Erfolg eintritt, müssen daher sowohl die männlichen als auch die weiblichen Energien durch einen ausgewogenen Beitrag beider Seiten optimiert werden.

Durch die Betrachtung der hermetischen Prinzipien haben wir gesehen, dass die im alten Kemet praktizierte Wissenschaft für die Menschheit nicht verloren gegangen ist. Sie wurde durch die Jahrhunderte hindurch bewahrt und durch die wissenschaftlichen Entdeckungen des letzten Jahrhunderts verstärkt. Infolgedessen wird der Menschheit bewusst, dass wir einen größeren Einfluss auf unser individuelles Schicksal haben können, als wir ursprünglich für möglich hielten. Alles, was wir tun müssen, ist, mit Hilfe der sieben hermetischen Gesetze das universelle Bewusstsein anzuzapfen.

Um Ihnen den Zugang zu diesem Bewusstsein zu erleichtern, wäre es von Vorteil, sich täglich Zeit zu nehmen, um über die hermetischen Prinzipien und ihre jeweilige Bedeutung nachzudenken. Wenn Sie sie alle auswendig gelernt haben, überlegen Sie sich, wie diese Prinzipien in Ihrem Leben angewendet werden können. Notieren Sie sich Ihre gegenwärtigen Umstände im Vergleich zu den Umständen, die Sie gerne herbeiführen würden. Ermitteln Sie die Methoden, die Sie anwenden können, um die gewünschten Folgen zu erreichen. Schreiben Sie diese Methoden auf und führen Sie täglich einfache Maßnahmen durch, die Ihnen helfen, diese Methoden umzusetzen. Vergleichen Sie im Laufe der Zeit Ihr Leben mit dem, wie es jetzt ist, und stellen Sie fest, welche Veränderungen sich dadurch ergeben haben, dass Sie die Gesetze als Mittel zum Erreichen Ihrer Wünsche angewendet haben.

TEFNUT

4

# KEMETISCHE ASTROLOGIE UND EIN TIEFERES VERSTÄNDNIS DER PERSÖNLICHKEITSTYPEN, DIE DIESE WELT BEWOHNEN

In der kemetischen Astrologie gibt es 12 Sternzeichen. Anders als in der westlichen Astrologie sind diese nicht fortlaufend auf 12 Teile des Jahres verteilt. Stattdessen unterteilen sie das Jahr in 36 gleiche Teile, die als *Dekane* bezeichnet werden, und diese teilen die 360 Tage des ägyptischen Jahres. Das Jahr hatte in jeder seiner drei Jahreszeiten 120 Tage. Jede Jahreszeit umfasste vier Monate zu je 30 Tagen. Jedes Jahr wurde ein zusätzlicher fünftägiger Monat eingefügt, um die zusätzlichen Tage der Erdumdrehung um die Sonne zu berücksichtigen. Diese Tage dienten als Festtage und brachten die tatsächliche Anzahl der von den alten Ägyptern festgelegten Tage auf 365. Der auf diese Weise kreisförmig dargestellte Kalender wurde zum ersten Mal an der Decke eines ägyptischen Hathor-Tempels in einer Darstellung gezeigt, die heute als "Dendera-Zodiakus" bekannt ist.

Dieser Dendera-Kalender nutzte die Astrologie auf der

Grundlage des hermetischen Gesetzes der Korrespondenz: "Wie oben, so unten". Er verdeutlichte damit den kemetischen Glauben, dass sich die Ereignisse auf der Erde in den Bewegungen der Himmelskörper widerspiegeln. In der heutigen Zeit wird dies in Form von astrologischen Zeichen angewandt, an die wir uns in Zeitungen und Zeitschriften gewöhnt haben. Auf diese Weise hat die kemetische Praxis durch die Jahrhunderte überlebt, da sie von den Griechen übernommen und anschließend für den europäischen Markt angepasst wurde. Die Gewohnheit, den eignen Geburtstag einem Sternzeichen zuzuordnen, ist zu einer beliebten und akzeptierten Methode geworden, um Persönlichkeitsarchetypen zu definieren. Diese Methode zur Bestimmung von Persönlichkeiten ähnelt den Methoden, die im alten Ägypten verwendet wurden.

Die alten Ägypter nutzten astrologische Beobachtungen auch, um wichtige Ereignisse wie die jährliche Überschwemmung des Nils korrekt vorherzusagen. Dies war für sie ein wichtiges Ereignis, da es der landwirtschaftlichen Saison vorausging und die Abläufe für den Rest des Jahres bestimmte. Das Wissen um die bevorstehende Überschwemmungssaison gab ihnen also genügend Zeit, sich auf die Aussaat vorzubereiten. Nachdem die astrologische Methode in der Landwirtschaft erfolgreich angewandt worden war, war es daher logisch und wissenschaftlich, ähnliche Beobachtungen zur Vorhersage von Ereignissen im Leben der Menschen zu nutzen.

Der kemetische astrologische Kalender kann auch heute noch verwendet werden. Indem wir den Zusammenhang zwischen den Göttern und Göttinnen und ihren Darstellungen in den Sternbildern zu verschiedenen Zeiten des Jahres erkennen, können wir Ereignisse vorhersagen und deuten. Laut Cyril Fagan, 1798 Mitglied der Royal Astronomical Organization in England, war die kemetische Astrologie der Vorläufer der modernen Astrologie (Afrikaiswoke, 2021). Die moderne Astrologie folgt immer noch der Zuordnung von Sternzeichen zu Personen bei der Geburt. Dies geschieht in Übereinstimmung mit der Konstellation, die zum Zeitpunkt ihrer Geburt vorherrschend war. Aus kemetischer Sicht sind die Persönlichkeitstypen der Götter und Göttinnen, die zu den Geburtszeiten angegeben werden, von Bedeutung. Sie geben Aufschluss über die Persönlichkeitstypen und die Erwartungen, die wir an das Individuum oder das Ereignis stellen können, das zu diesem Zeitpunkt geboren wird.

In alphabetischer Reihenfolge sind die kemetischen Sternzeichen Amun Ra, Anubis, Bastet, Geb, Horus, Isis, Mut, Osiris, Sekhmet, Seth, der Nil- oder Satis und Thoth.

## FINDEN SIE IHR ZEICHEN

Um herauszufinden, welches Sternzeichen zum Zeitpunkt Ihrer Geburt in Kraft war, verwenden Sie die folgende Tabelle. Die erste Spalte gibt eine Reihe von Tagen an. Anhand dieser Spalte müssen Sie die Tage ermitteln, in die Ihr Geburtstag fällt. In der gleichen Zeile gibt die Tabelle Ihre Sternzeichen entsprechend der Spanne der Tage an, an denen Sie geboren wurden. Die dritte und letzte Spalte gibt an, welche Zeichen mit Ihrem Sternzeichen kompatibel sind. Wenn Sie also die Reihe entlang lesen, können Sie sowohl Ihr Sternzeichen als auch die Sternzeichen, mit denen es kompatibel ist, bestimmen.

| Geburtsdatum | Zeichen | Kompatibilität |
|---|---|---|
| 1 –7. Januar | Der Nil oder Satis | Amun-Ra, Set |
| 8.–21. Januar | Amun Ra | Der Nil/Satis, Horus |
| 22.-31. Januar | Mut | Amun-Ra, Thoth |
| 1.-11- Februar | Amun Ra | Der Nil/Satis, Stunden |
| 12.-29. Februar | Geb | Set, Horus |
| 1.-10. März | Osiris | Isis, Thoth |
| 11.-31- März | Isis | Thot, Osiris |
| 1.-19. April | Thoth | Bastet, Isis |
| 20. April-7. Mai | Horus | Bastet, Geb |
| 8.-27. Mai | Anubis | Bastet, Isis |
| 28. Mai -18. Juni | Seth | Geb, der Nil/Satis |
| 19.-28. Juni | Der Nil oder Satis | Amun-Ra/Set |
| 29. Juni-13. Juli | Anubis | Bastet, Isis |
| 14.-28. Juli | Bastet | Sekhmet, Horus |
| 29. Juli-11. August | Sekhmet | Bastet, Geb |
| 12.-19. August | Horus | Bastet, Geb |
| 20.-31. August | Geb | Set, Horus |

*Abbildung Eins*

| | | |
|---|---|---|
| 1.-7. September | Der Nil oder Satis | Amun-Ra, Set |
| 8.-22. September | Mut | Amun-Ra Thoth |
| 23.-27. September | Bastet | Sekhmet, Horus |
| 28. September-2. Oktober | Seth | Geb, der Nil/Satis |
| 3.-17. Oktober | Bastet | Sekhmet, Horus |
| 18.-29. Oktober | Isis | Thoth, Osiris |
| 30. Oktober-17. November | Sekhmet | Bastet, Geb |
| 8.-17. November | Thoth | Bastet, Isis |
| 18.-26. November | Der Nil oder Satis | Amun-Ra, Set |
| 27. November-18. Dezember | Osiris | Isis, Thoth |
| 19.-31. Dezember | Isis | Thot, Osiris |

*Abbildung eins* (*Forts.*)

## ASTROLOGISCHE PERSÖNLICHKEITSTYPEN

Der Persönlichkeitstyp, der mit jedem Zeichen verbunden ist, spiegelt das Element, den Gott oder die Göttin wider, die das Zeichen repräsentiert. Hier werden wir jedes Zeichen untersuchen, indem wir die Himmelskörper identifizieren, die diese Zeichen beeinflussen, sowie die Persönlichkeitsmerkmale, die jedes Zeichen aufweist. Die Identifizierung der Himmelskörper ist deshalb so wichtig, weil die einzelnen Persönlichkeitsmerkmale stärker ausgeprägt sind, wenn sich diese Himmelskörper in der jeweiligen Konstellation am Himmel befinden. Genauso wie die westliche Astrologie die Auswirkungen von Planetenkonfigurationen zur Kenntnis nehmen kann, z. B. wie sich der Mars im Widder auf das Leben der im Zeichen Widder Geborenen auswirken kann, so kann auch dieses Bewusstsein in der kemetischen Astrologie zum Tragen kommen.

Um von dem Wissen zu profitieren, das Ihnen in diesen modernen Zeiten zur Verfügung steht, müssen Sie zunächst verstehen, wie die modernen Sternzeichen den kemetischen Sternzeichen entsprechen. Wenn Sie die Astrologie-Seiten und -Websites besuchen, können Sie nach Informationen suchen, die Ihnen sagen, in welchem Sternzeichen sich ein bestimmter Planet oder Himmelskörper gerade befindet. Wenn Sie verstehen, unter welchem Sternzeichen Sie geboren sind, und die Planeten, die diese Sternzeichen beeinflussen, können Sie auf Situationen anders reagieren. Sie können Ihre wichtigen Ereignisse für die Zeiten planen, in denen die Planeten, die Ihr Sternzeichen unterstützen, am Nachthimmel aktiv sind. Sie können auch einen besseren Einblick in Ihre Persönlichkeit gewinnen und lernen, wie Sie auf andere zugehen.

Wenn Sie sich angewöhnen, Informationen zu lesen, die sich darauf beziehen, in welcher Konstellation sich bestimmte Planeten zu einem bestimmten Zeitpunkt befinden, werden Sie feststellen, dass die derzeit benannten westlichen Sternzeichen nicht immer mit allen Zeiten übereinstimmen, in denen ihre Konstellationen am Himmel dominieren. Die Art und Weise, in der die kemetische Astrologie die Sternzeichen in verschiedenen Intervallen während des Jahres wiederholt, ist ein besserer Indikator für die Aktivitäten, die am Nachthimmel stattfinden, als eine vereinfachte astrologische Gruppierung, die jeweils nur vage einen Monat abdeckt. Der folgende Abschnitt gibt Aufschluss darüber, wie die westlichen Sternzeichen mit den kemetischen Sternzeichen übereinstimmen. Danach folgt ein Abschnitt, der die wohlwollenden Planeten für jedes Sternzeichen untersucht und wie diese die Persönlichkeitstypen von

Menschen oder Ereignisse beeinflussen, die unter diesen Sternzeichen geboren wurden. Bitte beachten Sie, dass die nachstehenden Korrespondenzen sich nicht auf Ihren Geburtstag und das zugehörige Sternzeichen beziehen, sondern als Interpretationshilfe für Aussagen wie "Venus ist in Schütze" in Ihrem eigenen Leben dienen sollen. Wenn Schütze Hapi ist, dann wird sich dies auf Sie auswirken, wenn Sie unter dem kemetischen Zeichen Hapi geboren wurden. Ein Schütze-Sternzeichen zu sein, bedeutet jedoch nicht, im Zeichen von Hapi geboren zu sein. Es ist ratsam, die Tabelle aus dem vorherigen Abschnitt zu verwenden, wenn Sie wissen wollen, unter welches kemetische Sternzeichen Sie fallen. Die Datumsbereiche für jedes Zeichen gelten für einige Wochen zu verschiedenen Zeiten des Jahres; daher müssen Sie Ihr Geburtsdatum Ihrem spezifischen Sternzeichen zuordnen, wenn Sie den maximalen Nutzen aus den bereitgestellten Informationen ziehen wollen.

## KORRESPONDENZ ZWISCHEN STERNBILD-NAMEN

- Wenn Wassermann das vorherrschende Sternbild ist, dann ist das effektive kemetische Sternzeichen Sekhmet.
- Wenn der Widder das vorherrschende Sternbild ist, dann ist das effektive kemetische Sternzeichen Osiris oder Ausar.
- Wenn Krebs das vorherrschende Sternbild ist, dann ist das effektive kemetische Sternzeichen Bastet.

- Wenn Steinbock das vorherrschende Sternbild ist, dann ist das effektive kemetische Sternzeichen Horus.
- Wenn Zwillinge die vorherrschende Konstellation ist, dann ist das effektive kemetische Sternzeichen Seth oder Set.
- Wenn Löwe das vorherrschende Sternbild ist, dann ist das effektive kemetische Sternzeichen Anubis.
- Wenn die Waage das vorherrschende Sternbild ist, dann ist das effektive kemetische Sternzeichen Geb.
- Wenn Fische das vorherrschende Sternbild ist, dann ist das effektive kemetische Sternzeichen Isis oder Auset.
- Wenn Schütze das vorherrschende Sternbild ist, dann ist das effektive kemetische Sternzeichen Hapi.
- Wenn Skorpion das vorherrschende Sternbild ist, dann ist das effektive kemetische Sternzeichen Mut.
- Wenn Stier das dominierende Sternbild ist, dann ist das effektive kemetische Sternzeichen Amun Ra.
- Wenn die Jungfrau das vorherrschende Sternbild ist, dann ist das effektive kemetische Sternzeichen Thoth oder Djehuty.

## WOHLWOLLENDE PLANETEN UND IHRE PERSÖNLICHKEITSTYPEN

Dies sind die Persönlichkeitstypen der einzelnen Sternzeichen:

- Amun Ra wird von der Sonne und Saturn beeinflusst. Die unter diesem Zeichen Geborenen sind große Führer, die weise Entscheidungen treffen. Sie haben eine optimistische Einstellung zum Leben und sind von Natur aus selbstbewusst und höflich.

- Anubis wird von Merkur beeinflusst. Da Anubis der Hüter der Unterwelt ist, ist es nicht verwunderlich, dass Menschen, die in diesem Zeichen geboren sind, introvertierte Persönlichkeiten sind. Sie haben eine kreative Seite in ihrer Persönlichkeit, die sie in einer selbstbewussten und forschenden Art zum Ausdruck bringen.
- Bastet wird von der Sonne und dem Mond beeinflusst. Charmant und liebevoll, neigen Bastet-Menschen aufgrund ihrer sensiblen Persönlichkeiten dazu, Konflikte zu vermeiden. Sie verlassen sich auf ihre Intuition, die sie dabei leitet. Sie sind ihren Partnern gegenüber sehr loyal und ergeben.
- Geb ist der Gott der Erde; daher sind die unter diesem Zeichen Geborenen von der Erde beeinflusst. Menschen, die unter diesem Zeichen geboren sind, sind treue und zuverlässige Freunde. Sie können als überemotional und empfindlich wahrgenommen werden; ihre offene Art macht sie jedoch für andere attraktiv. Auf diejenigen, die ihnen nicht nahe stehen, können sie schüchtern wirken.
- Horus wird von Mond und Sonne beeinflusst. Menschen, die in diesem Zeichen geboren sind, sind inspirierende Führungspersönlichkeiten, die sowohl fleißig als auch motivierend sind. Ihr Mut und Optimismus sind ansteckend und machen es leicht, ihren ehrgeizigen Beispielen zu folgen.

- Isis (Aset) ist die Göttin der Natur. Ihr Zeichen wird von Mond, Erde und Uranus beeinflusst. Diese Menschen arbeiten aufgrund ihrer geradlinigen und doch geselligen Art gut im Team. Sie sind ehrlich, haben Sinn für Humor und ein romantisches Flair.
- Mut wird von der Sonne beeinflusst. Menschen, die in diesem Zeichen geboren sind, sind aufgrund ihres beschützenden und liebevollen Wesens gute Eltern. Sie sind gute Führungspersönlichkeiten, da sie zielorientiert und fokussiert und gleichzeitig großzügig und loyal sind.
- Osiris (Asar) wird von Pluto und der Sonne beeinflusst. Die unter diesem Zeichen Geborenen sind sehr entschlossen. Dies kann manchmal als aggressiv und egoistisch wahrgenommen werden. Ihre hartnäckige und unabhängige Einstellung zum Leben macht sie jedoch zu guten Führungspersönlichkeiten, die oft für ihre Intelligenz und Verletzlichkeit geschätzt werden.
- Sekhmet wird von der Sonne beeinflusst. Menschen, die in diesem Zeichen geboren sind, gelten als duale Persönlichkeiten, da ihr Wesen zwischen Freigeistigkeit und extremer Disziplin schwankt. Diese Menschen haben einen ausgeprägten Sinn für Gerechtigkeit, und wenn man sie dazu auffordert, tun sie das mit Präzision.
- Seth (Set) wird von Mars beeinflusst. Set-Menschen sind Perfektionisten, die gerne im Mittelpunkt der Aufmerksamkeit stehen. Ihre kühne Persönlichkeit

treibt sie in herausfordernde Situationen, in denen sie noch mehr glänzen können.

- Der Nil (Satis) wird vom Mond und Uranus beeinflusst. Menschen, die unter diesem Sternzeichen geboren sind, gelten aufgrund ihrer großen Beobachtungsgabe als intuitiv. Es ist ein friedliebendes Zeichen, das Streit vermeidet. Menschen, die unter dem Sternzeichen Nil geboren sind, zeigen große Weisheit, die auf ihrer Fähigkeit beruht, Logik anzuwenden.
- Thoth wird von Mond und Merkur beeinflusst. Wie der Gott, der das Sternzeichen inspiriert, sind Menschen, die unter diesem Zeichen geboren sind, weise und lernen gerne. Ständig auf der Suche nach Verbesserungen, neigen diese Menschen dazu, mutig, energisch und erfinderisch zu sein. Thoth gilt als ein sehr romantisches Zeichen. Wenn Sie Ihr Sternzeichen und die Zeichen, mit denen es kompatibel ist, kennen, wird es leichter fallen, Entscheidungen darüber zu treffen, wie Sie mit verschiedenen Menschen umgehen. Es wird Ihnen helfen, sie besser zu verstehen und zu wissen, welche Persönlichkeitsmerkmale Sie in geschäftlichen und persönlichen Partnerschaften nutzen können.

Sie können diese Informationen nutzen, um die besten Termine für die Durchführung bestimmter Aktivitäten zu bestimmen. Es ist ratsam, möglichst Tage zu wählen, die mit Ihren Sternzeichen vereinbar sind. Wenn Sie nicht in der Lage sind, das Datum für eine Veranstaltung auszuwählen, können Sie trotzdem das Beste aus Ihrer Erfahrung mit der Veranstaltung machen. Indem Sie das Datum und das zugehörige Sternzeichen des Ereignisses untersuchen, können Sie den Persönlichkeitstyp des Ereignisses verstehen und wissen, wie Sie sich am besten darauf einlassen können.

ASAR

5

# DIE KEMETISCHE DIÄT UND WIE SIE IHRE SPIRITUELLE VERBINDUNG IN DIE HÖHE TREIBEN KANN

"Du bist, was du isst." Die Wahrheit dieses Sprichworts lässt sich herausfinden, wenn wir die Menschen um uns herum betrachten. Wir werden bei ihnen nicht nur die physischen Spuren der Lebensmittel sehen, die sie essen, sondern auch die emotionalen und psychologischen Auswirkungen, die diese Lebensmittel haben.

Ein anderes bekanntes Sprichwort, "Lass deine Nahrung deine Medizin sein", spiegelt das Leben wider, das wir anstreben sollten. Es ist auch ein Hinweis auf das Leben, das die meisten Eingeweihten im alten Kemet führten, als sie ihr tägliches Leben im Einklang mit den Gesetzen von Ma'at lebten und ihre Nahrung aus der Umwelt bezogen.

Sie waren uns heute insofern überlegen, als ihre Umwelt es ihnen erleichterte, sich gesund und ausgewogen zu ernähren, was sie sowohl ernährte als auch nährte. Die Lebensmittel, die sie aßen, wurden nicht verarbeitet und waren in ihrer natürlichsten

Form. Dadurch wurde sichergestellt, dass sie ein Maximum an göttlicher Energie aus ihrer Nahrung erhielten.

Die Energie kommt von der Sonne - Ra - auf die Erde. Pflanzen nehmen diese Sonnenenergie durch den Prozess der Fotosynthese auf und wandeln sie in Nahrung um. Wenn Tiere Pflanzen fressen, nehmen sie die Sonnenenergie aus den Pflanzen selbst auf. Durch den Verzehr von Tieren haben die Menschen versucht, Energie aus einer Quelle zu gewinnen, die drei Schritte vom Energiespender der Erde entfernt ist. Um diese Nahrung zu verdauen, müssen wir mehr Energie aufwenden, um auf das begrenzte Angebot dieser tierischen Quellen zuzugreifen. Im Laufe der Zeit haben wir auch Krankheiten entwickelt, die mit der Verarbeitung dieser Nahrungsmittel zusammenhängen. Die Ursache dieser Krankheiten liegt darin, dass unser Körper ursprünglich nicht für die Verarbeitung dieser Nahrungsmittel ausgelegt war. Einige der Lebensmittel sind für uns giftig, während andere so lange in unserem Verdauungstrakt verbleiben, dass sie ranzig werden und in unserem Körper zu faulen beginnen, während unser Darm versucht, die Überreste auszuscheiden. Der Mangel an verdauungsfördernden Ballaststoffen in den raffinierten Lebensmitteln, die wir zu uns nehmen, macht es unserem Körper schwer, diese Aufgabe zu bewältigen. Mit der Zeit sammeln sich die Rückstände in unserem Verdauungstrakt an, was zu Krankheiten führt. Da der Vagusnerv eine Verbindung zwischen dem Gehirn und dem Dickdarm herstellt, wirkt sich die Erkrankung des Darms direkt auf unsere Emotionen, geistige Gesundheit und Vitalität aus. Die Mikroben, die in Ihrem Darm produziert werden, haben durch ihren Einfluss auf die Entzündung einen direkten Einfluss auf Ihr Immunsystem.

. . .

### *Die moderne städtische (oder westliche Standard-) Ernährung und ihre Tücken*

Unsere moderne Ernährung hat sich zunehmend von der Natur entfernt. Wenn es ums Trinken geht, neigen viele von uns dazu, große Mengen an alkoholischen Getränken zu konsumieren. Außerdem konsumieren wir Getränke mit hohem Koffeingehalt sowie kohlensäurehaltige Getränke, die mit künstlichen oder raffinierten Süßungsmitteln gesüßt sind. Die Zufuhr von reinem Wasser ist oft nicht vorhanden. All dies führt zu einer sehr sauren Körper- und Magen-Darm-Zusammensetzung, die anfällig für Krankheiten ist. Zu den Auswirkungen von zu viel Säure im Verdauungssystem gehören Kopfschmerzen, Depressionen, Akne, brüchige Haare und Nägel, Nierensteine und verminderte Muskelmasse. Natürlich gibt es unter uns Menschen, die unglaubliche Willenskraft und Achtsamkeit in Bezug auf ihre Ernährung an den Tag legen. Dennoch müssen wir uns bewusst sein und wachsam gegenüber potenziell schädlichen Produkten sein, denen wir begegnen.

Viele von uns neigen dazu, täglich Fast Food zu konsumieren. Diese sind oft reich an raffinierten Kohlenhydraten und Fleisch. Die Fleischquellen wurden oft mit Quellen wie Soja zwangsgefüttert, um sie zu mästen. Um diesen Prozess weiter zu unterstützen, werden die Tiere entweder mit Wachstumshormonen gefüttert oder gespritzt. Dies geschieht in überbevölkerten Umgebungen, was zur Verbreitung von Krankheiten unter den Tieren führt. Infolgedessen werden den Tieren Antibiotika verabreicht, die beim Verzehr des Fleisches in den menschlichen Körper gelangen. Die Antibiotika, die von diesen Tieren in unseren Blutkreislauf gelangen, führen mit der Zeit zu einer Resistenz gegen Antibiotika. Das Ergebnis ist, dass manche Menschen, wenn sie krank werden, nicht ohne Weiteres mit normalen Antibiotika behandelt werden können, wodurch sie anfälliger für Krankheiten werden und giftige Mengen an Chemikalien und Antikörpern benötigen, um Krankheiten zu bekämpfen. Das Vorhandensein von Antibiotika im Verdauungstrakt dient außerdem dazu, alle nützlichen Mikroben abzutöten, die im Verdauungstrakt leben und den Verdauungsprozess unterstützen und die Darmflora ausgleichen. Dies macht die Menschen anfällig für ein übermäßiges Wachstum schädlicher Darmbakterien und das Auftreten von Pilzkrankheiten, die durch Organismen wie Candida verursacht werden.

Fast Food wird oft nicht mit Gemüse oder Salat serviert. Der Mangel an Grünem in Verbindung mit den raffinierten Kohlenhydraten in den Lebensmitteln erschwert die Verdauung. Die Lebensmittel haben oft einen geringen Nährstoffgehalt, so dass der Körper sich mehr anstrengen muss, um den Nährwert aus den Lebensmitteln aufzunehmen. Mit der Zeit führt eine solche Ernährung zu Krankheiten, die ihren Ursprung im Magen-Darm-Trakt haben und sich über den Vagusnerv auf andere Teile des Körpers ausbreiten.

Das Vorhandensein von unverdauter und gärender Nahrung im Körper führt dazu, dass sich Menschen träge und deprimiert fühlen, was zu einer Zunahme psychischer Probleme bei denjenigen führt, die eine solche Ernährung zu sich nehmen.

## ESSEN IM ALTEN KEMET

Welche Lebensmittel wurden im alten Ägypten gegessen? Gehörten alle Lebensmittel, die sie aßen, zu dem, was wir heute die kemetische Ernährung nennen? Wenn nicht, was war in der kemetischen Diät enthalten? Und welche Lebensmittel haben wir konsumiert, die wir auf ein Minimum reduzieren oder aus unserer Ernährung streichen sollten, um eine optimale Gesundheit und eine Ausrichtung auf das Göttliche in uns selbst zu erreichen?

### *Spirituelle Eingeweihte*

Im alten Ägypten gab es Bürger, die verschiedene Rollen in der Gesellschaft spielten. Die Priester und Priesterinnen der Tempel strebten ständig danach, in der reinsten Form der Ausrichtung auf Ma'at und das göttliche Ziel zu leben. Sie befanden sich auf dem spirituellen Weg. Daher ernährten sie sich rein vegan, wobei die Rohkost einen großen Teil ihres Speiseplans ausmachte. Körner wie Weizen und Mais mieden sie. Selbst Hülsenfrüchte wie Linsen und Bohnen galten für sie als Stärke, weshalb die Eingeweihten des Tempels diese nicht verzehrten. Stattdessen versuchten sie, möglichst grüne Nahrung zu sich zu nehmen, um die volle Intensität der durch die Photosynthese eingefangenen Sonnenenergie aufzunehmen. Bei der Auswahl ihrer Nahrung wollten sie so grün wie Asar sein. Asar war ein grüner Gott, der die Verkörperung von Ra war. Sie glaubten, dass sie durch den Verzehr grüner Nahrungsmittel die Theurgie praktizieren konnten, indem sie Asar nacheiferten. Dieser Ernährungsplan ermöglichte es ihnen, in einem Zustand hohen Schwingungsbewusstseins zu leben, der nicht durch die Auswirkungen der Verdauung tierischer Produkte belastet war.

Als jemand, der dieses Buch liest, weil er sich auf einem spirituellen Weg befindet, können auch Sie davon profitieren, wenn Sie die Ernährung der Priester und Priesterinnen in den Tempeln befolgen. Dies wird Ihnen ermöglichen, im Gleichgewicht mit der Natur zu leben. Es ist jedoch nicht ratsam, sofort von einer modernen städtischen Ernährung auf die kemetische Ernährung der Eingeweihten umzustellen. Um zu verhindern, dass Ihr Körper Entzugserscheinungen und Beschwerden erfährt, ist es am besten, Ihre Ernährung schrittweise umzustellen, bis Sie Ihr Ziel erreicht haben. Wie Sie dabei vorgehen, werden wir erläutern, sobald wir uns mit den Nahrungsmitteln beschäftigt haben, die von der allgemeinen Bevölkerung im alten Ägypten gegessen wurden. Sie müssen auch immer die Verantwortung für Ihre eigene Ernährung und Ihr Wohlbefinden übernehmen.

### *Die allgemeine Bevölkerung*

Die normalen Bürger von Kemet ernährten sich hauptsächlich pescatarisch oder flexibel. Rotes Fleisch und Geflügel standen in geringen Mengen auf dem Speiseplan, ebenso wie Alkohol. Das Grundnahrungsmittel in Kemet war Brot. Es ergänzte die überwiegend vegetarische Ernährung mit Hülsenfrüchten, Gemüse und Obst. Diese wurden roh verzehrt, und der Brauch, Gemüse roh zu essen, hat sich bis heute erhalten.

Fleisch wurde konsumiert, wenn auch nicht in den großen täglichen Mengen, die unsere moderne Ernährung umfasst. Rindfleisch wurde durch Schmoren oder Trocknen zubereitet, nachdem es zu Konservierungszwecken gesalzen worden war.

Schafe, Ziegen und, sehr selten, Schweinefleisch wurden seltener gegessen als Rindfleisch. Die Analyse der in Mumien gefundenen Überreste zeigt, dass auch Wildtiere in Form von Gazellen, Hyänen und Mäusen auf dem Speiseplan standen.

Geflügel wie Wachteln, Gänse, Enten, Rebhühner, Kraniche, Tauben, Tauben, Flamingos, Pelikane und Hühner wurden gebraten oder durch Salz und Trocknung haltbar gemacht.

Fisch war der häufigste nicht-vegetarische Bestandteil der Ernährung. Er wurde nach dem Braten verzehrt. Alternativ wurde er in seiner konservierten Form verzehrt, die gesalzen und getrocknet war.

Tierische Produkte wie Eier, Milch und Käse von Kühen und Ziegen wurden konsumiert. Honig wurde als Süßungsmittel verwendet, statt der künstlichen und raffinierten Süßstoffe, die wir heute verwenden.

Alkohol wurde in Form von Bier und Wein konsumiert.

Das Gemüse, das sie verzehrten, hatte einen hohen Anteil an Hülsenfrüchten, wobei Linsen und andere Hülsenfrüchte einen großen Teil ihrer Ernährung ausmachten.

Ein Blick in die Grabstätte von König Tutanchamun offenbart die breite Palette vegetarischer Lebensmittel, die er mit ins Jenseits nahm, und damit auch die Nahrung, die er zu Lebzeiten zu sich nahm. Zu diesen Nahrungsmitteln gehörten Mandeln, Feigen, Granatäpfel, Datteln, Knoblauch, Bockshornklee, Koriandersamen, Kichererbsen, Wassermelone, Linsen und Emmer-Weizen.

## DIÄTETISCHER LEITFADEN FÜR MODERNE KEMETIKER

Die hier vorgeschlagene kemetische Diät ist diejenige, die von den Priestern und Priesterinnen des alten Kemet befolgt wurde. Es handelt sich um eine roh-vegetarische Ernährung, die hauptsächlich aus Obst und Gemüse besteht und den Verzehr von Fleisch, wie Fisch, Geflügel oder Vieh, ausschließt.

### *Warum die kemetische Diät?*

Die Weisen des alten Kemet erkannten, dass körperliche und geistige Gesundheit miteinander verbunden sind. Die Einhaltung der kemetischen Diät kann zu einem längeren, gesünderen und angenehmeren Leben beitragen. Sie könnten es vermeiden, Ihren Lebensabend in Krankenhäusern zu verbringen, um den kumulativen Auswirkungen einer schlechten Ernährung auf Ihre Gesundheit zu begegnen. Zu diesen negativen Auswirkungen gehören Diabetes, Bluthochdruck und Krebs. Stattdessen ermöglicht Ihnen die kemetische Ernährung, Lebensmittel zu konsumieren, die es Ihnen ermöglichen, in Ma'at zu leben und Ihre spirituelle Reise zu fördern.

Außerdem reduziert die kemetische Ernährung die Menge der krankmachenden Säuren in Ihrem Körper. Ihr Körper funktioniert am besten, wenn er einen leicht alkalischen Wert von 7,4 auf der pH-Skala beibehält (Adams, n.d.). Der Verzehr von Obst und Gemüse in großen Mengen kann dazu beitragen, den pH-Wert Ihres Körpers zu stabilisieren, Ihr Blut mit Sauerstoff zu versorgen und Sie so weniger anfällig für Krankheiten zu machen. Zu einer basischen Ernährung gehört auch der Zusatz von Nüssen, Samen, Hülsenfrüchten und Kräutertees.

### Vorteile

Bei der kemetischen Diät wird die Quelle der meisten Nahrungsmittelallergien aus der Ernährung entfernt. Sie ermöglicht es uns, unsere Energie aus Nahrungsquellen aufzunehmen, die unmittelbar von Ra Energie erhalten haben. Daraus folgt, dass eine kemetische Ernährung zu einem höheren Energieniveau und einem geringeren Auftreten von Krankheiten führt. Der Verzehr der reinsten Form von Nahrung ermöglicht es Ihnen, im Einklang mit dem Göttlichen zu leben, indem Sie so grün wie Asar sind.

Eine kemetische Ernährung auf pflanzlicher Basis verringert die Wahrscheinlichkeit, an Krankheiten wie Bluthochdruck, hohem Cholesterinspiegel, Krebs und Fettleibigkeit zu erkranken. Außerdem stärkt eine pflanzliche Ernährung das Immunsystem und bietet Schutz vor saisonalen Krankheiten wie Erkältungen und Grippe. Sie steigert das Energieniveau im Körper und verringert die Wahrscheinlichkeit von Depressionen, Stress und damit verbundenen psychischen Störungen.

### Was man isst

Versuchen Sie, so viel frisches Obst und Gemüse zu essen, wie Sie können. Neben ihrem Nährwert liefern sie auch Ballaststoffe, die für ein gut funktionierendes Verdauungssystem förderlich sind. Essen Sie Obst und Gemüse nach Möglichkeit roh. Essen Sie sie jedoch nicht zur gleichen Zeit. Essen Sie lieber etwa 30 Minuten vor dem Gemüse Obst. Wenn Sie Gemüse nicht roh essen können und es gekocht werden muss, versuchen Sie, es nicht zu lange zu kochen. Grüne Gemüsesorten wie Grünkohl und Spinat sollten Sie grillen oder im Dampf garen. Auf diese Weise bleibt ihre natürliche Güte so weit wie möglich erhalten. Um Ihren Körper mit dem Obst und Gemüse, das Sie essen, in Einklang zu bringen, versuchen Sie, nur Lebensmittel zu essen, die gerade Saison haben. Der Verzehr von Lebensmitteln, die nicht der Saison entsprechen, bedeutet, dass die Lebensmittel über weite Strecken aus anderen Regionen als der, in der Sie sich befinden, transportiert werden. Diese Lebensmittel sind nicht auf den Rhythmus Ihres Körpers abgestimmt, da sie in einem anderen Gebiet angebaut wurden. Daher können sie Ihrem Körper inneren Stress bereiten.

Genauso wie zwischen dem Verzehr von Obst und Gemüse ein 30-minütiger Abstand eingehalten werden sollte, sollten Sie bei Ihrer Ernährung darauf achten, nicht mehr als drei verschiedene Lebensmittel auf einmal zu essen. So wird Ihr Verdauungstrakt weniger belastet.

Wenn Sie die nötigen Einrichtungen haben, können Sie Ihr Essen in der Sonne backen. Dies ist die gesündeste Form des Kochens, da die Energie der Sonne für die Aufnahme in den Körper genutzt wird.

Trinken Sie so viel Wasser, wie Ihr Körper braucht, um kein Durstgefühl zu bekommen. Es ist ratsam, dem Wasser eine Zitronen- oder Limettenscheibe beizufügen, da dies dazu beiträgt, den im Körper vorhandenen Säuregehalt zu neutralisieren. Das ist gut für Ihre allgemeine Gesundheit. Wenn Sie sich für Fruchtsäfte entscheiden, vermeiden Sie solche, die mit Kohlensäure versetzt sind oder einen hohen Zuckergehalt haben. Nehmen Sie stattdessen Kokoswasser, reine Fruchtsäfte und Kräutertees zu sich. Nach dem Trinken sollten Sie eine Stunde warten, bevor Sie etwas essen. Am besten ist es, wenn Essen und Trinken nicht zur gleichen Zeit stattfinden.

Versuchen Sie, sich an die Praxis des Entsaften zu gewöhnen. Sie können grünen Saft aus Blattgemüse und Gurken herstellen. Fügen Sie orange oder rot gefärbte Früchte hinzu, um den Geschmack zu verbessern. Auch Äpfel sind eine gute Ergänzung für Ihren Saft. Versuchen Sie, den Saft so kurz wie möglich nach dem Pressen zu konsumieren.

Als Zwischenmahlzeit sollten Sie Nüsse wie rohe Mandeln essen, die reich an Nährstoffen sind. Sie enthalten viel Kalzium, Magnesium, Eiweiß und Vitamin E. Weichen Sie Mandeln über Nacht in Wasser ein, um sie zu verzehren. So kann Ihr Körper die natürlichen Inhaltsstoffe besser aufnehmen. Beim Verzehr von Nüssen sollten Sie darauf achten, sie nicht gleichzeitig mit feuchten Lebensmitteln wie frischem Obst zu essen. Sie können jedoch zusammen mit Trockenfrüchten verzehrt werden, da diese einen ähnlich geringen Wassergehalt haben und die gleiche Verdauungsleistung erfordern. Sie können auch Samen wie Kürbis- und Sonnenblumenkerne als zusätzlichen Snack zu sich nehmen.

### ***Körner, Hülsenfrüchte und Wurzelgemüse***

Stärke ist in der kemetischen Ernährung in Form von Wurzelgemüse, Hülsenfrüchten und Körnern enthalten. Sie gelten als Hauptbestandteil der Mahlzeit, sollten aber nicht in großen Mengen verzehrt werden. Stattdessen müssen sie durch grünes Gemüse ausgeglichen werden, vor allem durch solche, die direkte Energie von der Sonne enthalten.

Die beste Ernährung für Ihren Körper ist eine, die ausschließlich aus Obst und Gemüse besteht, wobei der Schwerpunkt auf Rohkost liegt. Wenn Sie jedoch versuchen, sofort eine Rohkostdiät einzuführen, nachdem Sie Ihr ganzes Leben lang eine moderne Ernährung zu sich genommen haben, kann dies für Ihren Körper schädlich sein. Ihr Körper hat sich an die Enzyme und Mineralien gewöhnt, die er aus diesen Lebensmitteln bezieht, und eine plötzliche Umstellung kann zu Entzugserscheinungen führen. Eine abrupte Umstellung der Ernährung auf Veganismus könnte dazu führen, dass Sie Ihren Entschluss nicht aufrechterhalten können, wenn Sie nicht richtig damit umgehen. Die Rückkehr zu den früheren Gewohnheiten kann die Tendenz fördern, mehr Suchtmittel zu konsumieren als zuvor, z. B. Fleisch und Zucker.

### *Eine luzide Diät*

Ein erfolgreicher Übergang führt dazu, dass Sie eine so genannte luzide Diät zu sich nehmen. Diese Ernährung besteht aus gekeimten Samen, Nüssen, Obst, Gemüse und Hülsenfrüchten. Eine luzide Diät fördert die geistige Klarheit und die Willenskraft und gibt Ihnen ein allgemeines Gefühl der Harmonie.

Um die Umstellung erfolgreich zu gestalten, sollten Sie versuchen, Lebensmittel zu reduzieren, die für Sie weniger nützlich sind. Verzichten Sie auf Lebensmittel, die schädlich sind, und ersetzen Sie sie durch gesunde Alternativen, die es Ihrem Körper ermöglichen, sich von den Substanzen zu entwöhnen, an die er sich gewöhnt hat. Wenn Ihr Körper sich an die reduzierte Aufnahme von Lebensmitteln gewöhnt hat, können Sie zu einer vollständigen veganen und rohköstlichen Ernährung übergehen.

Versuchen Sie, raffinierte Lebensmittel zu meiden, da ihnen der größte Teil der natürlichen Eigenschaften entzogen wurde. Versuchen Sie stattdessen, unraffinierte Lebensmittel und Vollkornprodukte zu verwenden, wenn es um Stärke geht. Ersetzen Sie raffinierten Zucker durch natürliche Süßungsmittel wie Honig, Stevia und Agave. Versuchen Sie, anstelle von verarbeitetem Obst und Gemüse in Dosen möglichst viel frisches Obst und Gemüse zu verzehren. Wenn Sie Trockenfrüchte essen, versuchen Sie, solche zu vermeiden, denen bei der Konservierung zusätzlicher Zucker zugesetzt wurde.

Vielleicht sollten Sie sich von Milchprodukten fernhalten. Die meisten Menschen sind körperlich nicht in der Lage, Milchprodukte zu verdauen. Das ist der Grund, warum die Zahl der allergischen Reaktionen auf Milch und milchähnliche Produkte so hoch ist. Neben den allergischen Reaktionen hat Milch auch langfristige negative Auswirkungen auf Ihren Körper. Es wird gesagt, dass sie die Wahrscheinlichkeit erhöht, Krankheiten wie Osteoporose, Krebs und insulinabhängige Diabetes zu entwickeln (Ashby, 2002).

Wenn Sie einen Ersatz für Milch in Ihrer Ernährung und Ihren Rezepten suchen, verwenden Sie eine der pflanzlichen Milchalternativen, die auf dem Markt erhältlich sind. Dazu gehören Kokosnussmilch, Mandelmilch, Hafermilch und andere.

Vielleicht sollten Sie erwägen, Weizen aus Ihrer Ernährung zu streichen. Wie Milch löst auch normaler Weizen bei den meisten Menschen eine allergische Reaktion aus, da sie genetisch bedingt nicht in der Lage sind, ihn zu verdauen. Eine verstopfte Nase, Schleim und Entzündungen sind häufige Reaktionen auf die Wiedereinführung von Weizen in den Körper. Wenn Sie auf

Backwaren bestehen, sollten Sie nach Weizenalternativen wie Kokosmehl, Mandelmehl und anderen gesünderen Alternativen suchen.

Überlegen Sie, ob Sie den Fleischkonsum in Ihrer Ernährung reduzieren oder ganz darauf verzichten sollen. Es kann von Vorteil sein, wenn Sie sich pescatarisch oder flexibel ernähren. Denken Sie dabei jedoch daran, alle Milch und Milchprodukte durch pflanzliche Alternativen zu ersetzen.

Versuchen Sie insgesamt, Nahrungsmittel zu vermeiden, die von den alten Kemetikern als dumpfe Nahrungsmittel angesehen wurden, weil sie aggressives Verhalten, Krankheiten und negative Gedanken hervorrufen. Zu diesen Lebensmitteln gehören fermentierte und überreife Lebensmittel, verarbeitete und raffinierte Lebensmittel sowie Alkohol. Diesen Nahrungsmitteln wurde nachgesagt, dass sie zu geistiger Trägheit, Wut, Gier und Hass führen. Menschen, die diese Lebensmittel konsumieren, sollen ihre Fähigkeit verlieren, Vernunft walten zu lassen. Auch der Tabakkonsum soll zu den oben genannten negativen Folgen beitragen.

Lebensmittel, die als unruhig beschrieben wurden, sollten ebenfalls gemieden werden. Dazu gehören Lebensmittel wie Fleisch, Kaffee und scharfe oder saure Speisen. Man sagt, dass diese Lebensmittel dazu führen, dass man unruhig ist und sich nicht konzentrieren kann, weil man leicht abgelenkt wird.

## FASTEN

Die Bewohner von Kemet fasteten jeden Monat drei aufeinander folgende Tage lang. Der Zweck des Fastens bestand darin, das Auftreten von Krankheiten in Form von Ukhedu zu verhindern -

*der* Krankheitsquelle, die im Darm existiert. Diese entsteht durch die Ansammlung von Nahrung im Darm, die durch Fasten entfernt werden muss. Daher begleiteten die alten Ägypter ihre Fastenzeit in der Regel mit einem Einlauf, um den Darm weiter zu entleeren.

Das Fasten ermöglicht es dem Körper, sich von Giftstoffen zu befreien und entlastet das Verdauungssystem. Die Energie, die für die Verdauung der Nahrung verbraucht worden wäre, steht für geistige und spirituelle Aktivitäten wie Meditation und Gebet zur Verfügung. Während des Fastens lenkt der Körper Energie auf die Reparatur geschädigter Zellen um. Während dieser Zeit werden krankheitsverursachende Entzündungen reduziert, und der Körper verbrennt überschüssiges Fett. Zu den langfristigen positiven Auswirkungen des Fastens gehören hormonelle Veränderungen, die die Genexpression beeinflussen. Die epigenetischen Auswirkungen der veränderten Genexpression kommen sowohl Ihnen als auch künftigen Generationen zugute.

In Anlehnung an das dreitägige totale Fasten, das im alten Kemet praktiziert wurde, gibt es drei verschiedene Arten von Fastenmethoden, die in der heutigen Zeit beliebt sind und die Sie zur Vorbereitung anwenden können.

Eine dieser Methoden ist das intermittierende Fasten. Bei dieser Methode isst man regelmäßig nur innerhalb eines bestimmten Zeitfensters innerhalb von 24 Stunden. Ein solches Zeitfenster kann zwischen fünf und acht Stunden am Tag liegen. Wenn Sie intermittierendes Fasten praktizieren wollen, können Sie mit einem späten Frühstück beginnen oder das Frühstück auslassen und ein frühes Mittagessen einnehmen. Anschließend können Sie ein frühes Abendessen einnehmen, so dass Sie im

Laufe des Abends bis zum Vormittag des nächsten Tages in Ihr Fastenfenster eintreten können. Während des Fastenfensters können Sie Getränke wie Wasser, Kräutertees und natürliche Säfte zu sich nehmen. Vermeiden Sie den Konsum von Alkohol und koffeinhaltigen Getränken.

Eine andere Methode besteht darin, ganz auf Fleisch zu verzichten und nur Gemüse zu essen. Dies ist eine gute Methode, wenn Sie sich auf dem Weg zu einer kemetischen Ernährung vom Fleisch entwöhnen müssen. Wenn Sie bereits Vegetarier sind, sollten Sie eine reine Obstdiät in Betracht ziehen. Dies ist eine nützliche Methode, um Ihren Körper zu entschlacken.

Als jemand, der sich auf das kemetische Ziel zubewegt, drei Tage im Monat zu fasten, können Sie damit beginnen, jeden Tag ein paar Stunden zu fasten, bevor Sie zum intermittierenden Fasten übergehen. Sobald sich Ihr Körper an das Konzept gewöhnt hat, nur während eines kurzen Zeitraums zu essen, können Sie die Zeitspanne auf einen Fastentag pro Monat intensivieren. Sobald Sie sich daran gewöhnt haben, können Sie einen Tag pro Woche fasten. Mit der Zeit können Sie diese Zeitspanne erhöhen, so dass Sie jeden Monat an drei aufeinanderfolgenden Tagen fasten, wie es im alten Kemet üblich war.

Während der Fastenzeit hilft das Trinken von Flüssigkeit, Giftstoffe aus dem Körper zu spülen. Zu den Flüssigkeiten, die Sie zu sich nehmen können, gehören Wasser, Nusssäfte, Kräutertees und frisch gepresste Säfte aus Obst und Gemüse. Zu den Zutaten gehören Spinat, Grünkohl, Kohl, Salat, Karotten, Orangen, Äpfel, Gurken und andere Obst- und Gemüsesorten, die in ihrer rohen Form verzehrt werden können.

Versuchen Sie, von einem reinen Wasserfasten Abstand zu

nehmen, bis Sie ein bis zwei Jahre lang regelmäßig gefastet haben. Zu diesem Zeitpunkt wird Ihr Körper von den jahrelang angesammelten Ukhedu-Giften gereinigt sein, so dass Sie ein solches Fasten bewältigen können.

Gehen Sie während des Fastens sanft mit Ihrem Körper um. Überanstrengen Sie sich körperlich nicht. Führen Sie stattdessen Aktivitäten durch, die eher der Erholung dienen, und lassen Sie sich bei Ihren Tätigkeiten von Ihrem Körper leiten.

Versuchen Sie beim Fastenbrechen, die Aufnahme von Stärke einzuschränken oder sie am ersten Tag ganz zu vermeiden. Ihr Körper braucht zu diesem Zeitpunkt eine sanfte Einführung in die Nahrung. Stärke könnte Ihr Verdauungssystem schnell verstopfen, da sie nicht wasserlöslich ist. Wie immer müssen Sie die Verantwortung für Ihr eigenes Handeln und Ihre Ernährungsentscheidungen übernehmen und sich selbst informieren, ganz gleich, welchen Weg Sie einschlagen wollen.

SHU

6

# KEMETISCHE GEISTFÜHRER, CHAKRA-GEHEIMNISSE UND DAS ABRUFEN VON STÄRKE UND WEISHEIT

Wir alle sind von Geistführern umgeben. Das sind Wesen, die in der geistigen Welt existieren. Mit ihrer Hilfe können Sie leichter Zugang zu den Kräften der Natur finden. Indem Sie sich mit Ihren Geistführern zusammentun, können Sie Ihre Wünsche verwirklichen, denn sie sind diejenigen, die sich mit den Kräften der Natur verbinden, die alles möglich machen. Indem Sie sich mit ihnen verbinden, haben Sie Zugang zu ihrer Fähigkeit, als Vermittler für Sie zu agieren, um Ihre Ziele zu erreichen. Geistige Führer sind in unserem Leben, um uns durch das Leben zu begleiten, indem sie uns Schutz, Trost und Führung bei unseren täglichen Aktivitäten bieten.

## VORFAHREN

Diese Geistführer können verschiedene Formen annehmen. Eine davon ist die Form der Vorfahren. Das sind Personen, die sich in oder in der Nähe Ihrer Familienlinie befinden. In der Regel handelt es sich um Personen, die ein vorbildliches Leben geführt haben und sich zur Verfügung gestellt haben, um den Lebenden zu helfen, dasselbe zu tun.

Sie können Ihre Vorfahren ehren, indem Sie einen Ahnenaltar errichten. Dies ist ein Ort, an dem ihr mit ihnen kommunizieren und euch mit ihnen verbinden könnt.

## EINRICHTEN EINES ALTARS

Um einen Altar aufzustellen, können Sie einen kleinen Tisch verwenden, der nur für diesen Zweck genutzt werden sollte. Um die Ahnen einzuladen, können Sie den Tisch mit einer weißen Tischdecke bedecken oder weiße Muscheln um den Rand des Tisches legen. Dann können Sie den Tisch mit Fotos Ihrer Vorfahren schmücken, also der geliebten Menschen, die die Erde verlassen haben.

Beten Sie zu Beginn Ihrer Verlobung, dass Gott (oder welcher Gott oder welche Göttin auch immer) Ihre Vorfahren leitet und sie mit Kraft und Weisheit versorgt. Auf diese Weise werden sie, wenn Sie sie anrufen, über die notwendigen spirituellen Mittel verfügen, um Ihnen die nötige Unterstützung zu geben.

Sie können eine kleine weiße Kerze auf einen Altar stellen. Sie kann so groß sein wie eine Geburtstagskerze. Während sie brennt, sagen Sie Ihren Vorfahren, dass Sie es zu schätzen wissen, was sie für Sie getan haben, als sie noch am Leben waren. Erzählen Sie ihnen von Ihrem Leben, wie es sich entwickelt hat, und von allen Herausforderungen, mit denen Sie konfrontiert sind. Bitten Sie sie um Führung und Unterstützung bei der

Bewältigung dieser Herausforderungen. Als Gegenleistung für die Hilfe, die Sie von ihnen erwarten, sollten Sie ein Opfer bringen. Die Opfergabe dient nicht nur der weiteren Kommunikation mit Ihren Vorfahren. Sie dient auch dazu, den Energieaustausch zwischen Ihnen und Ihren Vorfahren auszugleichen. Wenn Sie ihre Hilfe bei Ihren Herausforderungen erhalten, müssen Sie ihnen etwas zurückgeben. Dies entspricht den Gesetzen von Ma'at. Sie können ihnen etwas anbieten, das sie zu schätzen wissen oder das sie zu Lebzeiten auf der Erde geschätzt haben. Das kann in Form von Räucherwerk oder etwas zum Verzehr sein. Sie können ein Getränk in Form einer Tasse starken schwarzen Kaffees, eines Glases Alkohol - wenn sie dies zu Lebzeiten genossen haben - oder einer Tasse aromatischen Kräutertees anbieten. Sie können Ihren Vorfahren auch einen Teller mit ihren Lieblingsspeisen anbieten. Nachdem Sie Ihre Wünsche geäußert haben, danken Sie Ihren Ahnen für ihre Hilfe und lassen die Kerze von selbst abbrennen.

Nachdem Sie die Speisen und Getränke dargebracht haben, können Sie das Getränk verdunsten lassen. Es empfiehlt sich jedoch, den Teller mit den Speisen am nächsten Tag zu entfernen, damit er auf dem Altar nicht schal wird. Wenn Sie den Teller mit den Speisen entsorgen, beten Sie über Ihrem Mülleimer, bevor Sie die Speisen darin entsorgen. Sie können das Essen auch kompostieren.

Seien Sie darauf gefasst, dass Ihre Vorfahren nach dem Gespräch mit Ihnen am Altar antworten werden. Sie werden Ihnen Hinweise zu den Schritten geben, die Sie unternehmen sollten. Dies kann in Form von Momenten der Einsicht, Ahnungen und Träumen geschehen, die Sie nach Ihrer Darbringung an sie haben.

## GÖTTER UND GÖTTINNEN ALS GEISTIGE FÜHRERINNEN

Wenn Sie Ihre Reise in die kemetische Spiritualität fortsetzen, werden Sie sich vielleicht verschiedener Götter und Göttinnen bewusst, die sich in Ihrem Leben bemerkbar machen. Sie sind dazu da, Sie auf Ihrer spirituellen Reise zu unterstützen, indem sie Ihnen Hinweise für Ihre Handlungen und Entscheidungen geben, die Sie treffen sollen. Vielleicht haben sie Ihre Lebensreise schon die ganze Zeit begleitet, aber aufgrund mangelnden Bewusstseins haben Sie die Beweise für ihre Existenz vielleicht nicht erkannt. Solche Beweise können subtil sein und sich in Form von Träumen oder Interaktionen mit einigen der Tiere zeigen, als die sich die Prinzipien manifestieren. Vielleicht erinnern Sie sich jetzt an eine Zeit in Ihrem Leben, die besonders herausfordernd war. Es könnte sein, dass Sie in dieser Zeit Zufälle erlebt haben, an denen Löwen, Katzen oder Schakale und andere Tiere beteiligt waren. Ihre schwierige Situation hat sich vielleicht auf mysteriöse Weise aufgelöst. Im Nachhinein können Sie jetzt erkennen, dass es vielleicht Sekhmet, Bastet oder Anubis waren, die sich Ihnen zu erkennen gaben. Die mysteriöse Lösung Ihrer Herausforderung war vielleicht auf ihr Eingreifen zurückzuführen.

Die Anwesenheit der Götter und Göttinnen kann auch während Sekhem-Heilungssitzungen spürbar sein. Diese Heilsitzungen beruhen auf spiritueller Energie; daher ist es normal, dass sich der Geistführer des Einzelnen während der Heilsitzung offenbart. Dies geschieht in Form von mentalen Bildern oder dem Bewusstsein der Anwesenheit dieses Gottes oder dieser Göttin. Diese Bilder oder Empfindungen können entweder vom

Heiler oder von der Person, die die Sitzung durchführt, wahrgenommen werden.

Wenn dies geschieht und Sie sich bewusst sind, dass einer der Götter oder Göttinnen Ihr geistiger Führer ist, können Sie von diesem Wissen sehr profitieren. Sie können sie nun um ihr direktes Eingreifen in bestimmten Angelegenheiten bitten. Sie können ihnen auf die gleiche Weise Opfergaben darbringen, wie Sie es für Ihre Vorfahren tun. Wenn Sie sich die Zeit nehmen, zu meditieren und sich dabei auf das betreffende Prinzip zu konzentrieren, wird Ihnen der Weg für eine besondere Führung geebnet. Manchmal taucht der Gott oder die Göttin als geistiger Führer nur für einen bestimmten Zweck in Ihrem Leben auf. Zu anderen Zeiten sind sie Ihr ständiger Begleiter, der Sie durch das Leben führt.

Hier sind einige der Götter und Göttinnen, denen Sie begegnen können. Achten Sie auf Ihre Visionen, Träume und Intuition. Achten Sie auch auf ein bestimmtes Bedürfnis, das Sie im Moment haben. Die Götter und Göttinnen können angerufen werden, um in einem bestimmten Bereich, der unter ihrem Schutz steht, einzugreifen.

Anubis oder Anpu ist der schakalköpfige Gott des Lebens nach dem Tod, der Heilung und ein Führer für die Verlorenen. Anubis kommt, um uns mit dem Tod und der Wiedergeburt zu helfen, oft als Teil der emotionalen, psychologischen oder spirituellen Reise.

Bastet ist die Katzengöttin der Liebe, des Feuers, der Musik, der Fruchtbarkeit und der Magie. Sie ist eine Beschützerin der Haushalte, die böse Geister und Krankheiten abwehrt.

Het-Heru oder Hathor ist eine schöne Göttin, die Stierhörner und eine Sonnenscheibe auf dem Kopf trägt. Sie manifestiert sich auch als Gans, Löwe oder Katze. Sie ist die Göttin der Kosmetik und des Himmels und gilt als Beschützerin der Frauen. Sie bringt Freude, Liebe, Fruchtbarkeit, Schönheit und Musik in das Leben derer, die sie berührt. Sie ist die Göttin der Mutterschaft, deren andere Aufgabe es ist, die Geister der Toten im Jenseits willkommen zu heißen. Sie ist eine weniger grausame Erscheinungsform von Sekhmet. Als Geisterführerin inspiriert Hathor zu Dankbarkeit und Diplomatie mit fremden Völkern und ist die Beschützerin des himmlischen Nilflusses.

Sekhmet ist die löwenköpfige Göttin, die eine Sonnenscheibe in Kombination mit einer Uräusschlange als Krone trägt. Sie ist sowohl wild als auch fürsorglich, sie ist eine Heilerin für die Kranken und eine wilde Beschützerin der Unschuldigen. Sie verteidigt vehement die Grundsätze von Ma'at und schreitet ein, wenn Sie ungerecht behandelt wurden.

## CHAKREN

Chakren sind Energiebrennpunkte, die sich entlang der Wirbelsäule befinden. Diese Chakren sind ständig in Bewegung. Die Auswirkung davon ist, dass Ihr Gleichgewichtssinn von der Geschwindigkeit, mit der sich diese Brennpunkte drehen, beeinflusst wird. Wenn sich eines dieser Chakren langsamer oder schneller dreht als die anderen, kann dies emotionale, physische oder mentale Auswirkungen auf Ihr Gleichgewicht haben.

Es gibt sieben Hauptchakrapunkte, die alle in ihrer eigenen Farbe schwingen. Jeder Punkt ist mit einem anderen Gott oder einer Göttin auf dem kemetischen Baum des Lebens verbunden. Diese Chakrapunkte sind auch auf verschiedene Körperteile ausgerichtet, je nach ihrer Lage an der Wirbelsäule. Wenn

Sie ein Problem in einem bestimmten Bereich Ihres Körpers haben, rufen Sie die Götter und Göttinnen an, die diesen Teil Ihres Körpers regieren, um Heilung zu erhalten. Im Folgenden finden Sie eine grundlegende Übersicht über die Chakrapunkte und einen Hinweis darauf, welche Gottheiten sie regieren.

1. Das Wurzelchakra oder Khab wird vom unteren Teil von Geb regiert und ist mit den Hüften, der Blase, den unteren Gliedmaßen und der Leiste verbunden. Es befindet sich an der Basis der Wirbelsäule. Die Farbe, die mit dem Wurzelchakra assoziiert wird, ist rot.
2. Das Sakralchakra oder Khaibit wird vom oberen Teil von Geb regiert und steht in Verbindung mit der Gebärmutter und den Harnwegen sowie mit unseren Emotionen und tierischen Sinnen. Es befindet sich direkt unter dem Bauchnabel. Die Farbe, die mit dem Sakralchakra assoziiert wird, ist orange.
3. Das Solarplexus-Chakra oder Sahu wird von Het-Heru regiert – auch bekannt als Hathor, Sebek und Auset. Es steht in Verbindung mit den Lungen, dem Magen, den Därmen, der Leber und dem Blutdruck. Es befindet sich oberhalb des Bauchnabels. Die dem Solarplexus-Chakra zugeordnete Farbe ist gelb.
4. Das Herz-Chakra oder das Ab wird von Ma'at, Herekuti und Heru regiert. Es ist mit dem oberen Rücken und dem Herzen verbunden. Es befindet sich in der Brust. Die Farben, die mit dem Herz-Chakra assoziiert werden, sind grün und rosa.

5. 5. Das Kehlchakra oder Shekem wird von Sekhert regiert und ist mit der Schilddrüse, der Nase und dem Hals verbunden. Es befindet sich in der Kehle. Die Farbe, die mit dem Kehlchakra assoziiert wird, ist blau.
6. Das dritte Augenchakra, oder Khu, wird von Tehuti regiert und ist mit den Augen und Ohren verbunden. Es befindet sich zwischen den Augen und den Augenbrauen. Die Farbe, die mit dem dritten Augenchakra assoziiert wird, ist violett.
7. Das Kronenchakra oder Ba wird von Ausar regiert und ist mit dem Nervensystem, dem Gedächtnis und dem Gefühl des Gleichgewichts verbunden. Es befindet sich an der Spitze des Kopfes. Die Farbe, die mit dem Kronenchakra assoziiert wird, ist weiß.

Weitere Einzelheiten über die Chakrapunkte werden im Kapitel über kemetische Energieheilung beschrieben.

## AUREN

Jeder von uns strahlt die Energiefrequenz aus, mit der wir arbeiten. Diese Energie umgibt unseren Körper in Form eines elektromagnetischen Feldes. Ihr Energiefeld kann von anderen Menschen wahrgenommen werden, wenn deren eigene Energiefelder mit Ihrem in Kontakt kommen. Wenn sie Ihr Energiefeld wahrnehmen, können sie darauf reagieren. Die Reaktion hängt davon ab, wie Ihre Energie mit ihrer Aura in Berührung kommt. Aus dieser Erfahrung heraus werden Menschen beschreiben, wie sie gute oder schlechte Schwingungen von einer Person empfangen haben.

Wenn andere Menschen Ihr Energiefeld wahrnehmen, ist das, was sie wahrnehmen, Ihre Aura. Die Aura besteht aus verschiedenen Schichten, von denen jede eine andere Farbe hat, die mit deinen Chakren und der Energiemenge, die von jedem Chakra ausgestrahlt wird, übereinstimmt. Diese wiederum wird von Ihren aktuellen Erfahrungen und den damit verbundenen Emotionen beeinflusst.

Es gibt Menschen, die in der Lage sind, Auren zu sehen, und die allein anhand der Farben, die von Ihrem Körper ausgehen, erkennen können, welche Aura nicht in Ordnung ist. Auren sind messbar und können sogar fotografiert werden, wenn eine spezielle Ausrüstung verwendet wird. Diese Ausrüstung ist ein nützliches Instrument, um festzustellen, ob sich die Aura verändert hat, und um die Chakren vor und nach einer Energieheilungssitzung auszugleichen.

## SPIRITUELLE BÄDER

Wenn wir mit den Schwingungen oder der Aura anderer Menschen interagieren, findet ein Energieaustausch statt, und wir verlassen die Interaktion mit anderen, nachdem wir von ihnen etwas beeinflusst wurden. Wenn wir ständig mit Menschen zu tun haben, die eine niedrige Energie haben, wird unsere Energiefrequenz schließlich beeinträchtigt. Das führt dazu, dass wir uns niedergeschlagen fühlen oder eine negative Stimmung haben. Der Weg, uns von dieser negativen Stimmung zu befreien, besteht darin, unsere Energiefrequenzen zu reinigen.

Ein spirituelles Bad ist eine der wirkungsvollsten Methoden, die am wenigsten Geschick erfordert, um sie durchzuführen.

Für ein spirituelles Bad braucht man mindestens eine ausreichend große Schüssel, in die man seine Füße stellen kann, ohne dass sie sich berühren, und dazu seine Gebete und seine Absicht. Ihre Absicht sollte es sein, die negative Energie aus Ihrem Körper in das Wasser zu ziehen. Nach einer Einwirkzeit von 10 bis 15 Minuten können Sie Ihre Füße aus dem Wasser nehmen und das Wasser die Toilette hinunterspülen. Spülen Sie die Schüssel mit frischem Wasser aus.

Um noch effektiver zu sein, können Sie Ihrem Wasser reinigende Mineralien in Form von Steinsalz, reinem Meersalz oder sogar Meerwasser hinzufügen.

Ihre Absicht, den ganzen Körper zu reinigen, können Sie erfüllen, indem Sie ein Bad in Wasser nehmen, dem reinigende Eigenschaften zugesetzt wurden. Verbinden Sie dies mit einem Gebet für die spirituelle Reinigung. Wenn Sie nicht in der Lage sind, Ihren Körper vollständig in solches Wasser zu tauchen, können Sie sich auch unter der Dusche damit übergießen.

Um die Fähigkeit des Wassers zu erhöhen, negative Energie aus Ihrer Aura zu ziehen, können Sie einige der folgenden Dinge hinzufügen: Steinsalz (verwenden Sie kein raffiniertes Kochsalz), Kräuter, natürliche Düfte, Teebeutel, Steine und Kristalle. Segnen Sie Ihr Wasser immer, bevor Sie das spirituelle Bad nehmen, denn die Absicht, die hinter dem Bad oder der Dusche steht, erhöht seine Wirksamkeit.

Zu den wirksamen Kräutern gehören Basilikum und Lavendel.

AUSET

7

# VERGESSENE ÄGYPTISCHE ENERGIEHEILUNGSGEHEIMNISSE UND KRAFTVOLLE MODERNE TECHNIKEN

Unser Körper ist ein Energieleiter. Er leitet nicht nur Energie, sondern er enthält auch die für unser Überleben notwendige Energie in sich. Diese Energie wird in den Energiezentren gehalten, die oft als Chakren bezeichnet werden. Das Wort *Chakra* bedeutet in der indischen Sanskrit-Sprache "Rad des Lichts". Diese Bezeichnung hat sich in der ganzen Welt durchgesetzt und bezeichnet diese Energiezentren.

Die Chakren haben im menschlichen Körper kleinere und größere Instanzen. Die Hauptchakren befinden sich entlang des Rückenmarks, während die Nebenchakren in verschiedenen Organen sowie an bestimmten Punkten in Körpernähe, z. B. direkt über dem Kopf, zu finden sind. Wenn sie von Menschen gesehen werden, die die Fähigkeit haben, Energie zu sehen, entweder durch besondere Fähigkeiten oder durch den Gebrauch von Hilfsmitteln, werden die Chakren als sich drehende Räder aus Lichtenergie gesehen. Es sind diese verschiedenfarbigen Lichtkugeln, die ihnen ihren Namen gegeben haben.

Die Grundlage der Energieheilung ist der Ausgleich der Hauptchakren, der Energiezentren im Körper. Wenn die Chakren aufeinander abgestimmt sind, kann die Energie frei zwischen ihnen fließen. Alle Chakren sind miteinander im Gleichgewicht, und keines von ihnen ist dominanter oder unterwürfiger als die anderen. Ein gesunder Körper ist ein Körper, der mit der Energie des Universums in Einklang steht, und das ist es, wonach wir alle streben sollten. Wenn der Körper nicht im Einklang ist, wird Energieheilung durchgeführt, um die Chakren neu auszurichten. Energieheilung wird erreicht, indem man auf die Energiekraft des Universums zugreift und den Körper durch Techniken, die die Aura reinigen, in Einklang mit ihr bringt. Wenn Ihre Chakren klar sind, ist auch Ihre Aura klar. Dies wirkt sich sowohl auf Ihr körperliches als auch auf Ihr emotionales Wohlbefinden aus. Eine klare Aura ermöglicht es, dass die Energie leicht durch Ihren Körper geleitet wird. Sie werden sich einer guten Gesundheit und eines klaren Geistes erfreuen können. Wenn jedoch eines Ihrer Energiezentren blockiert ist, kann sich dies in einer Krankheit oder einer psychischen Störung in dem Bereich zeigen, der dem jeweiligen Chakra entspricht. Um herauszufinden, welches Ihrer Chakren blockiert ist, brauchen Sie oft nur von den Symptomen auszugehen, die Ihr Körper zeigt. Deshalb ist es wichtig, die Energiezentren zu kennen und zu wissen, wie sie sich auf die allgemeine Gesundheit auswirken. Sobald Sie sich dessen bewusst sind, können Sie Energieheiltechniken anwenden, um Ihren Körper zu heilen. Kontinuierliche Sitzungen sorgen dafür, dass Ihr Körper mit positiven Energieschwingungen in Einklang bleibt, um eine dauerhafte Gesundheit zu ermöglichen.

Um Ihr Bewusstsein dafür zu schärfen, wie sich Energie auf Ihren Körper auswirkt, wollen wir uns die sieben Chakren ansehen und was sie darstellen. Im Anschluss daran werden wir die Methoden besprechen, die Praktiker der ägyptischen Energieheilung anwenden, um diese Energiezentren auszugleichen. Dabei werden wir auch einen Blick auf den kemetischen Lebensbaum werfen und sehen, wie dieser mit den sieben Chakren und der kemetischen Spiritualität zusammenhängt.

Wenn wir den Baum des Lebens betrachten, erkennen wir die Rolle, die verschiedene Götter und Göttinnen auf dem Weg der Heilung spielen - insbesondere Sekhmet, Thoth und Auset, die Götter, die mit den Priestern und Priesterinnen der Heiltempel verbunden waren. Diese Priester und Priesterinnen waren sowohl für das geistige als auch für das körperliche Wohlergehen derer zuständig, die ihre Hilfe suchten. Diese wiederum suchten bei diesen Göttern und Göttinnen nach Rat, um ihre Beschwerden zu erkennen und zu beheben.

## HEILUNG FÜR MA'AT

Wir werden auch die verschiedenen Hilfsmittel und Techniken untersuchen, die zum Ausgleich der Energie im Körper eingesetzt werden können. Denken Sie daran, dass gute Gesundheit bedeutet, Körper, Seele und Geist im Gleichgewicht zu haben. Sie können zwar Bücher lesen und inspirierende Vorträge besuchen, um einen gesunden Geist zu erhalten, aber Ihr Körper und Ihre Seele werden direkt von der Energie beeinflusst, mit der Sie täglich in Kontakt kommen. Jedes Mal, wenn Sie mit anderen

Menschen in Kontakt kommen, lassen Sie sich auf deren Energie ein. Die negative Interaktion, die sie vielleicht hatten, bevor sie sich mit Ihnen trafen, bleibt in ihrem Energiekörper, wenn sie sie nicht vor Ihrem Treffen verarbeitet haben. Wenn Sie sich mit jenen treffen, wird sich diese Energie auf Sie auswirken, da Sie sie aufnehmen. Sie gehen vielleicht mit gedrückter Stimmung weg, ohne zu wissen, warum Sie sich so fühlen. Wenn Sie sich in einer Menschenmenge befinden, z. B. in einem Theater voller Menschen, werden Sie ebenfalls betroffen sein. Die gesamte Menge könnte sich gegenseitig mit der gleichen Energie anstecken. Deshalb fühlen Sie sich ermutigt, wenn Sie an einer Person vorbeigehen, die in sich hineinlächelt, nachdem sie gerade eine gute Nachricht erhalten hat. Sie werden feststellen, dass auch Sie zu einem Lächeln angeregt werden, selbst wenn die Person Sie nicht anlächelt. Die meisten Menschen fühlen sich instinktiv zu dieser positiven Energie hingezogen, weil sie auch in einem Raum mit positiven Schwingungen leben wollen. Auf der anderen Seite kann es Sie zwar erheben, wenn Sie positive Energie in anderen sehen, aber auch negative Energie kann sich auf Sie auswirken. Menschen, die einer wütenden Menge nahe stehen oder zu ihr gehören, bilden oft einen Mob und setzen sich für eine Sache ein, an die sie nicht glauben. Dies geschieht, weil sie sich von der Energie der Menge anstecken lassen. Aus diesem Grund ist es wichtig, mit wem wir uns umgeben, denn deren Energie wirkt sich auf uns aus. In Fällen, in denen wir keine Wahl haben, müssen wir Wege finden, unsere Chakren möglichst täglich zu reinigen. Dadurch wird sichergestellt, dass Sie Ihr Leben so ausgeglichen wie möglich leben. Dieses Kapitel soll Ihnen dabei helfen, die richtigen Werkzeuge zu finden, um Ihre Chakren im Gleichgewicht zu halten und ein ausgeglichenes Leben zu führen. Ein ausgeglichenes Leben ist ein Leben, das mit den Prinzipien von Ma'at übereinstimmt und daher für Ihre spirituelle Reise wesentlich ist. Mit den hier vorgestellten Werkzeugen können Sie in Ma'at leben, ungeachtet der Auswirkungen Ihrer aktuellen Umstände, Ihrer Umgebung oder Ihrer täglichen Interaktionen.

## DAS CHAKRA-SYSTEM

Der menschliche Körper enthält sieben Hauptchakren. Sie befinden sich an verschiedenen Stellen entlang der Wirbelsäule und werden durch unterschiedliche Farben dargestellt. Diese Chakren beziehen sich auch auf verschiedene körperliche, emotionale und psychologische Aspekte des Wohlbefindens. Wenn also ein Chakra in Ihrem Leben aus dem Gleichgewicht geraten ist, spiegelt sich dies in einem Ungleichgewicht der damit verbundenen körperlichen, emotionalen und psychologischen Aspekte Ihres Lebens wider. Wir werden kurz die 7 Hauptchakren von unten nach oben durchgehen. So können Sie verstehen, worum es sich dabei handelt und mit welchen Aspekten des Körpers sie in Verbindung stehen. Sie werden Ihnen in der gleichen Reihenfolge vorgestellt, die Sie beim Aufstieg zum Baum des Lebens einnehmen werden.

Im alten Ägypten wurden die Chakren als Seelen von Ra, oder "Sephek Ba Ra", angesehen. Wir werden uns hier auf die Chakren konzentrieren, die durch die einzelnen Sphären des Lebensbaums repräsentiert werden. Wir werden uns auch mit dem spirituellen Zweck befassen, den jedes Chakra in Bezug auf seine Position auf dem Lebensbaum erfüllt.

Es wird Ihnen zeigen, warum eine spirituelle Ausrichtung

durch den Ausgleich der Chakren Ihnen die Möglichkeit gibt, die täglichen Herausforderungen zu meistern und ein zunehmend gottgefälliges Leben zu führen.

## *Wurzelchakra, das Khab*

Rot ist die Farbe, die mit dem Wurzelchakra assoziiert wird, das sich an der Basis der Wirbelsäule befindet.

Das Wurzelchakra ist dafür verantwortlich, dass Sie sich sicher und geborgen fühlen, da es Ihnen erlaubt, in der Realität zu verankern.

Auf dem Baum des Lebens ist dieses Chakra auf die Sphäre 10 ausgerichtet. In diesem Fall bezieht es sich auf die untere Hälfte von Geb. Dies bezieht sich auf die physischen Aspekte des Körpers und die Fähigkeit, sich zu bewegen. Es ist mit unserem physischen Körper verbunden. Das Khab gilt auch als Sitz des unbewussten spirituellen Körpers. Er steht in Verbindung mit unserer sinnlichen Natur.

Ein Ungleichgewicht im Wurzelchakra zeigt sich in Gefühlen von Angst, Panik und Unsicherheit. Dieses Ungleichgewicht kann zu einer Opfermentalität führen. Es kann sich auch in einer Mentalität des Mangels zeigen, die sich durch Horten äußert. Körperliche Beschwerden des Wurzelchakras finden sich in der Leiste, der Blase, den unteren Gliedmaßen und den Hüften.

## *Sakralchakra, das Khaibit*

Orange ist die Farbe des Sakralchakras. Dieses Chakra

befindet sich im Unterleib, etwa fünf Zentimeter unterhalb des Bauchnabels.

Das Sakralchakra ist für das Gefühl der Freude und des Wohlbefindens, einschließlich der Sexualität, verantwortlich.

Auf dem Baum des Lebens ist dieses Chakra auf die Sphäre zehn ausgerichtet. Diesmal bezieht es sich auf die obere Hälfte von Geb, die mit Emotionen und unseren tierischen Sinnen zu tun hat. Dies ist unser Schattenselbst, das von den Sinnen beherrscht wird. Dieses Chakra hat mit Sinnlichkeit und Kreativität zu tun.

Ein Ungleichgewicht im Sakralchakra spiegelt sich in einem körperlichen und emotionalen Gefühl der Trennung wider. Sie können Schwierigkeiten haben, sich mit anderen zu verbinden. Zu den körperlichen Beschwerden, die durch eine solche Blockade gekennzeichnet sind, gehören Fruchtbarkeitsstörungen, wie unregelmäßige Menstruation, Harnprobleme und gynäkologische Probleme. Sie können auch unter Rückenschmerzen und Verstopfung leiden.

### *Solarplexus-Chakra, das Sahu*

Das Solarplexus-Chakra wird durch Gelb gekennzeichnet.

Das Solarplexus-Chakra befindet sich im Oberbauch und ist für Gefühle der Selbstkontrolle und des Selbstvertrauens zuständig. Es ist das Zentrum des Körpers für persönliche Macht.

Auf dem Lebensbaum steht dieses Chakra in einer Linie mit den Sphären sieben, acht und neun. Sphäre sieben ist Het-Heru, der Sitz der sexuellen Energie, der Kundalini und der Sonnenkräfte. Sphäre acht ist Sebek, der für Intellekt und Logik sowie für Kommunikation und Glauben steht. Sphäre neun ist Auset, die Göttin, die unsere Persönlichkeit repräsentiert. Diese besteht aus unserem Gedächtnis, der Seele und dem, was wir auf unserer Reise lernen. Die Fähigkeit, uns zu nähren und uns zu widmen, dient dazu, unserer sich ständig entwickelnden Persönlichkeit neue Aspekte hinzuzufügen. Dies ist der Sitz des spirituellen Energiekörpers. Er transportiert unsere Lebenskraft in den Himmel, wenn wir sterben.

Ein Ungleichgewicht im Solarplexus-Chakra zeigt sich in Darm- und Magenproblemen wie Verdauungsstörungen. Andere körperliche Beschwerden, die auftreten können, sind Bluthochdruck und Leberprobleme. Ein solches Ungleichgewicht kann zu emotionalen Herausforderungen wie geringem Selbstwertgefühl und Selbstzweifeln führen.

### *Herzchakra, das Ab*

Das Herzchakra ist das Zentrum für Liebe und Gefühle der Empathie und wird durch die Farben Grün und Rosa gekennzeichnet.

Das Herzchakra ist zuständig für Liebe, Einfühlungsvermögen, Vergebung und Mitgefühl.

Auf dem Lebensbaum ist dieses Chakra auf die Sphären vier, fünf und sechs ausgerichtet. Daraus ersehen wir, dass vier Ma'at ist, die Harmonie, Wahrheit und das göttliche Gesetz regiert. Dieses Ideal wird von Sphäre fünf, Heru-Khuti, unterstützt, die das göttliche Gesetz durchsetzt. Sphäre sechs ist Heru, der den menschlichen Willen repräsentiert, der die Ergebnisse unseres Entscheidungsprozesses und die Fähigkeit, unser niederes Selbst zu überwinden, bestimmt. Das Ab ist ein Tor zwischen den göttlichen und den weltlichen Aspekten in uns selbst. Es repräsentiert den Sitz des Intellekts und des Gewissens.

Ein Ungleichgewicht im Herzchakra zeigt sich in Schmerzen im oberen Rückenbereich, Herzerkrankungen, Depressionen, Angstzuständen und chronischer Müdigkeit.

### *Kehlkopf-Chakra, das Shekem*

Dieses Chakra befindet sich in der Kehle, im Zentrum des Kehlkopfes, und wird durch die Farbe Blau dargestellt.

Das Kehlchakra ist für die Kommunikation zuständig. Die höchste Form der Kommunikation findet statt, wenn Sie Ihre authentische Wahrheit sprechen.

Auf dem Baum des Lebens ist dieses Chakra auf die dritte Sphäre ausgerichtet, die sich auf die Macht der Schöpfung durch den Gebrauch von Worten bezieht. Dies ist der Sitz unserer göttlichen Kräfte und Lebensenergie. Es ermöglicht uns, unsere Kreativität und Macht auszudrücken.

Ein Ungleichgewicht im Halschakra zeigt sich in Erkältungssymptomen, Halsbeschwerden, einem Ungleichgewicht der Schilddrüse und einem steifen Nacken.

### *Drittes Augenchakra, das Khu*

Das dritte Augenchakra befindet sich zwischen den Augenbrauen und den Augen und wird mit der Farbe Violett oder Indigo in Verbindung gebracht.

Das dritte Augenchakra ist verantwortlich für Träume und Intuition.

Auf dem Baum des Lebens ist dieses Chakra auf die zweite

Sphäre ausgerichtet, die sich auf die Allwissenheit Gottes bezieht. Dies ist der Ort des höheren oder verklärten Selbst. Von hier aus geht unser Geist ins Jenseits, wenn wir sterben. Das Khu ermöglicht es uns, Botschaften aus dem spirituellen Bereich zu empfangen, während wir noch auf der Erde leben.

Ein Ungleichgewicht im Chakra des dritten Auges zeigt sich in Problemen mit den Ohren oder den Augen. Sie können auch ein hormonelles Ungleichgewicht, Schlaflähmung oder Lernschwierigkeiten erleben.

### *Kronenchakra, das Ba*

Das Kronenchakra wird durch Weiß oder Violett dargestellt.

Das Kronenchakra ist für Ihre Fähigkeit verantwortlich, sich mit der höheren Intelligenz und der spirituellen Welt zu verbinden.

Auf dem Baum des Lebens ist dieses Chakra auf die Sphäre eins ausgerichtet, die mit unserem wahren Selbst als Manifestation Gottes in der Welt verbunden ist. Dieses Chakra bezieht sich auf alles, was übernatürlich und göttlich ist. Das Ba repräsentiert auch jene Aspekte in uns, die nicht physisch sind.

Ein Ungleichgewicht im Chakra des dritten Auges spiegelt sich in einem Ungleichgewicht des Nervensystems und Problemen wie Gedächtnisverlust, Schwindel, Sehstörungen und kognitiven Schwierigkeiten wider.

## ENERGIE-HEILTECHNIKEN

Wenn Ihre Chakren ausgerichtet sind, befinden sie sich in einem Zustand von Ma'at, was bedeutet, dass sie im Gleichgewicht sind.

Es gibt jedoch viele Ereignisse und Interaktionen, die sich im Laufe unseres täglichen Lebens ereignen. Einige dieser Routinen können unseren Zustand von Ma'at herausfordern und uns aus dem Gleichgewicht bringen. Diese Ereignisse wirken sich in der Regel auf das jeweilige Chakra aus, mit dem sie in Berührung kommen. Wenn Sie sich beispielsweise in einer Situation befinden, in der Sie nicht in der Lage sind, Ihre Wahrheit auszusprechen, wirkt sich das auf Ihr Kehlkopfchakra aus. Eine solche Situation könnte in einem Arbeitsumfeld entstehen, in dem die Kommunikation Ihrer kreativen Ideen unterdrückt wird, wie in einem Umfeld, in dem die Geschäftsleitung darauf besteht, dass die gleichen alten Methoden zur Bewältigung von Aufgaben verwendet werden, auch wenn die Technologie für bessere Ergebnisse vorhanden ist. Wenn Sie davon abgehalten werden, Ihre Ideen zur Lösung alter Probleme auf eine neue Art und Weise zu äußern, könnte dies dazu führen, dass Sie aufgrund eines blockierten Kehlkopfchakras Halsschmerzen bekommen.

Dies ist ein praktisches Beispiel dafür, wie das Versäumnis, die Chakren kontinuierlich in Einklang zu bringen, dazu führen kann, dass man sich unwohl fühlt oder einen kranken Körper manifestiert. Die folgenden Techniken wurden im alten Kemet angewandt und werden in der heutigen Zeit wieder als Mittel zur Behebung körperlicher Ungleichgewichte eingesetzt.

## GEBETE UND AFFIRMATIONEN

Eine Möglichkeit, heilende Energie in Ihren Körper zu bringen, ist der Gebrauch positiver Worte. Die Macht der Worte als eine starke Schwingungskraft mit der Fähigkeit, das Universum zu erschaffen, wird zunehmend von weltweit anerkannten Lehrern wie Bob Proctor von "Born Rich" erkannt. Eine Methode, die Sie anwenden können, ist daher, Leben in Ihre Energiezentren zu sprechen. Das ermöglicht ihnen, sich auf die Wahrheit auszurichten, die Sie zu ihnen sprechen, und nicht auf das Unwohlsein, dem sie vielleicht begegnet sind. Sie können dies für alle Ihre Chakren als tägliche Übung tun, oder Sie können sich auf ein einzelnes Chakra konzentrieren, wenn Sie das Gefühl haben, dass es für seinen Zweck aus dem Gleichgewicht geraten ist. Sie können die Symptome, die Ihr Körper zeigt, in Verbindung mit dem Wissen über jedes Chakra nutzen. Auf diese Weise können Sie die Bereiche identifizieren, die besonderer Aufmerksamkeit bedürfen. Im Folgenden finden Sie Vorschläge für Affirmationen, die Sie für jedes Ihrer Chakren verwenden können. Sie können diese ändern oder ergänzen, je nachdem, was für Ihre spezielle Situation und Ihre Symptome am besten geeignet ist.

### Affirmationen für das Wurzelchakra, das Khab

- Ich lebe im Überfluss und werde immer versorgt.
- Ich bin dankbar für das Leben, das ich führe.
- Ich bin zuversichtlich.
- Ich werde von allen, die mich kennen, respektiert.
- Ich bin in meinem Gefühl der Zugehörigkeit verankert.

### Affirmationen für das Sakralchakra, das Khaibit

- Gegenseitige Wertschätzung und Respekt stehen im Mittelpunkt all meiner Beziehungen.
- Meine Lieben können mir vertrauen, und ich kann ihnen vertrauen.
- Ich lasse mich ständig zu neuen Ideen inspirieren.
- Ich bringe meine Kreativität auf viele verschiedene Arten zum Ausdruck.
- Ich übernehme die volle Verantwortung für mein Glück und pflege mich emotional.

### Affirmationen für das Solarplexus-Chakra, das Sahu

- Ich lebe in Übereinstimmung mit meiner göttlichen Bestimmung.

- Ich bin zuversichtlich, dass ich immer würdig bin.
- Ich nutze die Fehler der Vergangenheit als Sprungbrett, um mich vorwärts zu bringen.
- Ich bin selbstbewusst, mächtig und stark.
- Ich bin motiviert, Herausforderungen anzunehmen.

## Affirmationen für das Herz-Chakra, das Ab

- Ich bin überall von Liebe umgeben, wo ich hingehe.
- Ich bin voller Liebe und ziehe Menschen an, die voller Liebe sind.
- Ich liebe mich selbst voll und ganz.
- Ich begrüße die Liebe und schenke ihr die Aufmerksamkeit, die sie verdient.
- Ich verdiene es, geliebt zu werden.

## Affirmationen für das Kehlkopf-Chakra, das Shekem

- Ich bin ein guter Zuhörer, der geduldig und aufmerksam ist.
- Ich bin gut darin, meine Ideen in einer ruhigen und rücksichtsvollen Weise zu vermitteln.
- Ich genieße lebhafte und intelligente Unterhaltungen.

- Erfolg und Wohlstand sind regelmäßige Themen in meiner Rede.
- Ich spreche selbstbewusst und klar.

### Affirmationen für das dritte Augenchakra, das Khu

- Ich werde göttlich zu meinem höheren Ziel geführt.
- Ich bin offen für neue Erfahrungen.
- Ich vertraue immer auf meine Intuition.
- Ich denke in großen Dimensionen und handle mit Weisheit und Intuition.
- Ich bin mit dem Göttlichen verbunden.

### Affirmationen für das Kronenchakra,das Ba

- Ich bin eine Ausdehnung der liebevollen, göttlichen Energie.
- Ich bin spirituell und lebe gegenwärtig als Mensch.
- Ich erhalte neue Ideen vom Universum.
- Wenn höhere Mächte mich leiten, tragen sie zu meiner inneren Weisheit bei.
- Ich nehme den gegenwärtigen Moment an und lebe im Jetzt.

## HANDAUFLEGEN

Sie können Ihre Affirmationen verstärken, indem Sie Ihre Hände auf den Bereich legen, der mit dem Chakra zusammenhängt, auf das Sie sich konzentrieren. Sie können Ihre Hände nebeneinander auf die Stelle am Körper legen, an der sich das Chakra befindet. Sie können sich auch dafür entscheiden, nur Ihre dominante Hand über den Bereich zu legen. Dies können Sie tun, während Sie auf dem Rücken liegen.

Effektiver ist es, die Hände auf gegenüberliegenden Seiten des Körpers zu platzieren, so dass sie den betroffenen Bereich umschließen. Für Bereiche wie die Brust erfordert dies etwas Fingerspitzengefühl, da sich eine Hand vor der Brust und die andere Hand auf dem Rücken in dem entsprechenden Bereich befinden wird. Um die Hände in diese Positionen zu bringen, müssen Sie stehen oder sitzen, mit den Füßen fest auf dem Boden stehen und den Rücken gerade halten. Aus dieser Position heraus würden Sie bei der Methode, mit der Sie die Worte der Affirmation für Ihr Sakralchakra sprechen, Ihre rechte Hand direkt unter Ihrem Bauchnabel platzieren. Gleichzeitig legen Sie Ihre linke Hand auf Ihren unteren Rücken. Auf diese Weise wird die Energie von beiden Händen durch Ihren Körper in das betroffene Chakra fließen. Sie können diese Methode auch anwenden, wenn Sie für jemand anderen beten. Um Ihre Fähigkeit, während der Chakra-Ausgleichsübungen Zugang zur universellen Energie zu erhalten, zu verbessern, rufen Sie Ihre Geistführer an, damit sie Sie zu den Chakren führen, die am meisten Aufmerksamkeit benötigen. Atmen Sie tief ein und bleiben Sie ruhig, während Sie sich vorstellen, dass Ihr Geistführer seine Hand auf Ihre legt, um die Heilungsübung durch Sie zu vollziehen.

## VERWENDUNG VON HEILUNGSSTÄBEN

Viele der Statuen, die in alten Tempeln in Kemet gefunden wurden, zeigten die Götter und Göttinnen mit Zylindern in den Händen. Erst im letzten Jahrhundert kam die Wahrheit über diese Zylinder ans Licht. Dies geschah, nachdem eine zoroastrische Yogaschule in den 1920er Jahren einen alten Text enthüllte. Dieser Text wurde in den 1990er Jahren von russischen Wissenschaftlern verwendet, um die Stäbe nachzubauen. Die Stäbe wurden dann von der Russischen Akademie der Wissenschaften über einen Zeitraum von zehn Jahren untersucht. Das Ergebnis ihrer intensiven Studien war die Entdeckung, dass die Stäbe ähnliche Prozesse zur Heilung des Körpers nutzen wie Akupunktur und Reiki. Sie stellten fest, dass die Stäbe aus bestimmten Metallen und Kristallen bestehen, die bei richtiger Anwendung eine schnellere Heilung im Körper ermöglichen. Die Stäbe werden auch zur Manifestation, zum körperlichen Ausgleich und zum Aufstieg verwendet.

Daher wurde erst in jüngster Zeit festgestellt, dass diese Statuen in Wirklichkeit Heilstäbe in der Hand hielten. Diese Stäbe hielten sie in einem konstanten Zustand des Gleichgewichts und der Ausrichtung aufgrund der mineralischen Zusammensetzung der Stäbe.

Es gibt zehn verschiedene Arten von Stäben. Jeder Satz von Stäben ist spezifisch für die Energiekapazität verschiedener Menschen in Übereinstimmung mit der Frequenz und Schwingung, auf die sie sich ausrichten. Wenn man ein Stäbchenset nur fünf Minuten lang hält, werden die Meridiane geöffnet und die Chakren ins Gleichgewicht gebracht, so dass die Energie leicht durch den Körper fließen kann. Es wird geschätzt, dass der Nutzen, den Sie in diesen fünf Minuten erfahren, eine 30-minütige Akupunktursitzung erfordern würde.

Ein Stäbchenset besteht aus einem Sonnenstab aus Kupfer oder Gold und einem Mondstab aus Zink oder Silber. Der Sonnenstab enthält die männliche Ying-Energie, während der Mondstab die weibliche Yang-Energie enthält.

Der Sonnenstab wird in die rechte Hand und der Mondstab in die linke Hand genommen, um das Gleichgewicht zu finden. Das Ergebnis ist, dass die wiederherstellende Energie durch den Körper der Person fließt, die die Stäbe hält.

Bei der Verwendung durch einen Praktiker, z. B. einen Reiki-Heiler, können die Stäbe auf den Patienten gerichtet werden, um eine Energieheilungssitzung zu ermöglichen. Während der Heilpraktiker die Stäbe über den Patienten bewegt, kann ein weiterer Satz Stäbe in den Händen des Patienten gehalten werden, um den Energiefluss zu verstärken. Die Sitzung kann auch stattfinden, wenn nur der Therapeut die Heilstäbe trägt.

Die Stäbe können täglich zwischen 10 und 20 Minuten lang verwendet werden. Die positive Wirkung des Haltens dieser Stäbe, um Energie durch den Körper zu leiten, ist erwiesen. Neben dem Gefühl, zentriert und geerdet zu sein, hat die Verwendung der Stäbe die folgenden Vorteile:

- Sie lindern die Symptome von chronischer Müdigkeit und Erschöpfung.
- Sie verbessern die Schlafqualität und beseitigen Schlaflosigkeit.

- Sie fördern die geistige Klarheit für die Meditation, indem sie die geistige und körperliche Energie stimulieren.
- Sie regulieren das Nervensystem, was zur Beseitigung von Symptomen der Übererregung, von zwanghaften Bewegungen und nervösen Ticks führt.
- Sie unterstützen das Wachstum und die Funktion der Nerven.
- Sie regulieren den Bluthochdruck im Frühstadium und die damit verbundenen Herz-Kreislauf-Erkrankungen. Dazu gehören Probleme wie Arteriosklerose und Herzrhythmusstörungen.
- Sie stärken das Nervensystem.
- Sie entfernen die Symptome von Stress und Depression aus dem Körper.
- Sie haben einen positiven Einfluss auf das endokrine System.
- Sie verbessern den Zustand des Ausscheidungssystems. Dies verringert die Wahrscheinlichkeit des Auftretens von Niereninfektionen, Reizdarmsyndrom und Blasenentzündungen.

Bei all den positiven Wirkungen der Ruten muss man sich bewusst sein, dass es Umstände gibt, unter denen sie nicht verwendet werden sollten. Zu den Personen, die die Ruten nicht verwenden sollten, gehören die folgenden Personen:

- Personen, die unter dem Einfluss von Freizeitdrogen stehen

- Kinder
- Personen, die einen Herzschrittmacher verwenden
- Schwangere
- Personen mit niedrigem Blutdruck
- Personen mit schweren psychischen Problemen wie Schizophrenie

Die Verwendung von Heilstäben wurde mit anderen Heilmethoden wie Reiki und Sekhem-Heilung kombiniert, um die Vorteile der Kraft der Stäbe auf eine kranke Person zu übertragen. Beide Methoden greifen auf die universelle Energie zu, um deren Nutzen auf den Patienten zu übertragen. In Verbindung mit den Heilstäben wird die Wirkung der Energieübertragung verstärkt. Die Stäbe können auch von Heilpraktikern verwendet werden, um ihre eigene Energie zwischen den Sitzungen mit verschiedenen Klienten wieder aufzufüllen.

## KLOPFEN VON ENERGIE-MERIDIANPUNKTEN

Die alten Ägypter hatten ein solides Verständnis von Energie im Körper. Obwohl diese Technik nicht direkt aus ihrer Kultur hervorging und erst in den letzten Jahren eingeführt wurde, ist sie dennoch ein unglaublich mächtiges Werkzeug, um denjenigen, die sich auf einem spirituellen Weg befinden, ein beschleunigtes inneres und persönliches Wachstum zu ermöglichen, weswegen sie hier erwähnt wird.

Wenn Sie die Technik des Energieklopfens anwenden, um energetische Blockaden und Traumata zu lösen, wird es viel einfacher, nach den Gesetzen von Ma'at zu leben, mit der Natur eins zu werden und Ihr spirituelles Wachstum zu beschleunigen.

Es ist eine einfache Technik, die Sie buchstäblich überall durchführen können, und sie erfordert keine speziellen Werkzeuge oder Geräte.

Die meisten von uns leben in einem stressigen Umfeld, das durch mangelnde Kontrolle und Unsicherheit noch verschlimmert werden kann. Dies kann zu Gefühlen der Angst vor vielen Faktoren führen, insbesondere wenn wir die Nachrichten sehen, da wir die Berichterstattung nicht kontrollieren können. In Stresssituationen wird Adrenalin ausgeschüttet, das Kampf- oder Fluchthormon, das unser Körper als primitive Reaktion auf eine Gefahr freisetzt. Ohne ein Ventil für diese Hormone und bei anhaltender negativer Stimulierung durch die Umwelt besteht jedoch die Gefahr, dass sich in unserem Körper noch mehr Stress aufbaut.

Um den Auswirkungen negativer Emotionen entgegenzuwirken, können Sie direkt die Energiemeridiane (Energiekanäle) Ihres Körpers anzapfen, um die Menge an Adrenalin und Cortisol in Ihrem Körper zu reduzieren. Diese Technik funktioniert ähnlich wie Akupunktur und Akupressur, besteht aber aus dem Klopfen mit der Hand auf verschiedene Punkte am Kopf, im Gesicht und am Körper in Verbindung mit gesprochenen (oder auch stillen) Affirmationen. Es funktioniert, indem Sie sich auf verschiedene Energiemeridiane konzentrieren, die mit verschiedenen Organen in Ihrem Körper verbunden sind. Die Organe, mit denen die Klopfübungen verbunden sind, halten Emotionen in Ihrem Körper fest, z. B. Wut, Stress, Angst oder Traurigkeit. So werden Emotionen verarbeitet und der Hormonaufbau im Körper reduziert. Außerdem werden die Auswirkungen von Stress auf den Rest des Körpers verringert. Einfach ausgedrückt: Sie erhalten Zugang zum Unterbewusstsein, entfernen Trau mata, einschränkende Glaubenssätze und alles, was Ihnen nicht mehr dient. Dann können Sie diese veralteten Programmierungen durch eine aktualisierte Art und Weise ersetzen, in der Welt zu agieren, die Ihnen besser dient und mit Ihrem höheren Ziel in Einklang steht. Menschen haben mit dieser Technik sogar schon ihre Angst vor Spinnen, Fliegen, Autofahren und Fahrten in Vergnügungsparks überwunden, um nur einige zu nennen. Es ist wirklich so einfach, und es gibt keine Grenzen für die Themen, die damit gelöst werden können.

## KLOPFPUNKTE

Es wurden neun Entnahmestellen identifiziert.

1. Der erste Klopfpunkt ist der Karateschlagpunkt. Er wird mit KC abgekürzt. Er befindet sich an der Seite jeder Hand. Um ihn zu lokalisieren, suchen Sie den fleischigen Teil der Hand, der sich direkt unter dem kleinen Finger und über dem Handgelenk befindet. Dieser Punkt steht in Verbindung mit dem Dünndarm. Er hilft dabei, Trauer loszulassen, vorwärts zu gehen und Freude im gegenwärtigen Moment zu finden.
2. Der zweite Klopfpunkt ist die Augenbraue. Er wird mit EB abgekürzt. Um diesen Punkt zu lokalisieren, fahren Sie mit dem Finger um den Knochen, der Ihre Augenhöhle umrandet. Der Punkt, an dem dieser Knochen auf die Augenbrauen trifft, ist der Punkt, an dem Sie klopfen sollten. Dieser Punkt stellt eine Verbindung zur Blase her. Er lindert Traumata,

Traurigkeit und das Gefühl, verletzt zu sein, und ermöglicht emotionale Heilung und inneren Frieden.

3. Der dritte Entnahmepunkt ist die Seite des Auges. Er wird mit SE abgekürzt. Er befindet sich auf dem Knochen neben der Stelle, an der das obere und untere Augenlid aufeinandertreffen. Dieser Punkt steht mit der Gallenblase in Verbindung. Das Klopfen dieses Punktes fördert Klarheit und Mitgefühl und lässt Wut und Groll los.
4. Der vierte Klopfpunkt liegt unter dem Auge. Er wird mit UE abgekürzt. Bei beiden Augen befindet er sich in der Mitte des Knochens direkt unter dem Auge. Dieser Punkt steht in Verbindung mit dem Magen. Er löst Gefühle von Furcht und Angst und ermöglicht Ruhe, Zufriedenheit und ein Gefühl der Sicherheit.
5. Der fünfte Klopfpunkt befindet sich unter der Nase. Er wird mit UN abgekürzt. Er befindet sich in dem Bereich unterhalb der Nase und oberhalb der Oberlippe. Er ist mit dem Meridianpunkt Governing Vessel verbunden. Das Klopfen auf diesen Punkt hilft, Gefühle von Machtlosigkeit, Scham, Trauer, Verlegenheit und Versagensangst zu lindern und fördert gleichzeitig Selbstakzeptanz, Selbstermächtigung und Mitgefühl.
6. Der sechste Klopfpunkt ist der Kinnpunkt. Er wird mit CP abgekürzt. Er befindet sich in der Vertiefung unter Ihrer Unterlippe, oben im Kinnbereich. Dieser Punkt steht in Verbindung mit dem Zentralmeridian

und fördert Ihre Fähigkeit zu Selbstakzeptanz, Vertrauen, Gewissheit, Klarheit und Sicherheit.

7. Der siebte Klopfpunkt ist das Schlüsselbein. Er wird mit CB abgekürzt. Wenn Sie mit dem Finger am Schlüsselbein entlangfahren, finden Sie eine Stelle, an der es eine leichte Einbuchtung bildet, bevor es sich erhebt und den oberen Teil der V-Form bildet, die auf das Brustbein trifft. Bewegen Sie Ihre Finger an dieser Einbuchtung nach unten, bis Sie den oberen Teil des Knochens Ihrer ersten Rippe spüren können. Zwischen dem Schlüsselbein und dem Rippenpunkt befindet sich der CB-Meridianpunkt. Er befindet sich sowohl auf der linken als auch auf der rechten Seite Ihres Körpers. Dieser Punkt steht in Verbindung mit den Nieren. Er hilft Ihnen, sich vorwärts zu bewegen, reduziert das Gefühl, festzustecken, und stärkt Ihr Selbstvertrauen und Ihre Klarheit.
8. Der achte Klopfpunkt ist die Achselhöhle. Er wird mit UA abgekürzt. Er befindet sich etwa fünf Zentimeter unterhalb der Achselhöhle. Dieser Punkt steht in Verbindung mit der Milz. Er hilft Ihnen, mit Schuldgefühlen, Sorgen, Besessenheit, Unentschlossenheit und Kritik umzugehen.
9. Der neunte Klopfpunkt ist der oberste Punkt des Kopfes. Er wird mit TOH abgekürzt. Er befindet sich genau in der Mitte des Oberkopfes, wenn Sie von oben auf ihn hinunterschauen. Dieser Punkt ist mit mehreren Energiepunkten und mit dem

Kronenchakra verbunden. Er hilft bei spiritueller Verbindung, Klarheit, Intuition und Weisheit.

Die Klopftechnik anwenden:

1. Suchen Sie sich einen ruhigen Ort, an dem Sie nicht durch andere Aktivitäten abgelenkt werden, während Sie die Übung durchführen
2. Schließen Sie die Augen und atmen Sie tief ein, dann aus. Vergegenwärtigen Sie sich die Situation, in der Sie sich ängstlich fühlen (oder jede andere Emotion oder Situation, an der Sie arbeiten möchten).
3. Während Sie die Gefühle spüren, überlegen Sie, wie unangenehm Ihnen das ist. Ordnen Sie ihm eine Unbehaglichkeitsstufe zwischen eins und zehn zu. Sie können Ihr Unbehagen nach einer ganzen Runde Klopfen überprüfen, um festzustellen, ob eine Verbesserung eingetreten ist. Wenn nach einer einzigen Runde keine Besserung eintritt, können Sie den Prozess von Anfang an wiederholen.

## KLOPF-ÜBUNG

Konzentrieren Sie sich nur auf ein belastendes Thema pro Sitzung. Klopfen Sie auf die Meridianpunkte, entweder mit zwei Fingern für die kleineren Bereiche oder mit vier Fingern, um die größeren Bereiche abzudecken. Das Verfahren dauert weniger als zehn Minuten.

Klopfen Sie nacheinander sieben bis zehn Mal sanft auf jeden der Meridianpunkte und atmen Sie bei jedem neuen Meridianpunkt tief in den Bauch ein. Lassen Sie sich während des Prozesses von Ihrer Intuition leiten. Wenn Sie das Bedürfnis verspüren, einen bestimmten Meridianpunkt länger zu beklopfen, folgen Sie Ihrer inneren Führung, denn das wird Ihren Heilungsprozess erleichtern.

Um zu beginnen, klopfen Sie auf den Karateschlagpunkt, während Sie die unten stehenden Affirmationen durchgehen. Dies ist die Einstellungsphase. In dieser Phase können Sie eine Affirmation machen, die eine Erklärung aus zwei Aussagen ist. Die erste Aussage besteht darin, das Problem anzuerkennen. Die zweite Aussage besteht darin, sich selbst zu akzeptieren und das Problem loszulassen. Wählen Sie aus der nachstehenden Liste eine Aussage aus, von der Sie das Gefühl haben, dass sie mit Ihren Gefühlen übereinstimmt, und wiederholen Sie sie, während Sie jeden der Meridianpunkte klopfen. Die Aussagen sind nach den allgemeinen Chakrapunkten des Körpers geordnet. Sie können also eine Aussage wählen, die den Bereich in Ihrem Körper anspricht, der am stärksten vom Rest Ihres Körpers abweicht.

**Aussage für dein Wurzelchakra:**

Auch wenn ich überwältigt bin, entscheide ich mich dafür, mich zu entspannen und mich sicher zu fühlen, weil ich weiß, dass Geb mich unterstützt.

**Aussage für Ihr Sakralchakra:**

Auch wenn ich mich nicht gewürdigt fühle, entscheide ich mich dafür, mich selbst zu schätzen und Geb zu erlauben, mich beim Ausdruck meiner Gefühle zu leiten.

**Statement für Ihr Solarplexus-Chakra:**

Auch wenn ich mich machtlos fühle, entscheide ich mich dafür, selbstbewusst zu sein. Ich tue dies in dem Wissen, dass Auset meine Persönlichkeit durchscheinen lässt, während Het-Heru mich mit sexueller und solarer Energie versorgt, und Sebek meine Fähigkeit stärkt, klar zu kommunizieren.

**Statement für dein Herz-Chakra:**

Auch wenn ich Angst habe, entscheide ich mich dafür, mich zutiefst zu lieben und zu akzeptieren. Heru gibt mir den Willen, mich selbst zu lieben und zu akzeptieren. Dies steht im Einklang mit dem göttlichen Gesetz von Ma'at und wird von Heru-Khuti durchgesetzt.

**Statement für Ihr Kehlkopf-Chakra:**

Auch wenn ich mich unsicher fühle, entscheide ich mich dafür, mein wahres Selbst zum Ausdruck zu bringen. Ich tue dies durch die kreative Kraft von Sekhem, die in mir wohnt.

**Statement für dein Drittes-Augen-Chakra:**

Auch wenn ich mich unsicher fühle, entscheide ich mich, meiner Intuition zu vertrauen. Ich weiß, dass die intuitive Kraft von Djehuti in mir wohnt.

**Statement für dein Kronenchakra:**

Auch wenn ich mich unkreativ fühle, entscheide ich mich dafür,

Inspiration zu erhalten. Ich erhalte sie von Ausar, der alle Ereignisse des Lebens steuert.

Nach der Einstellungsphase klopfen Sie nacheinander die einzelnen Meridianpunkte. Denken Sie über das Thema nach und lassen Sie es los.

### Abschließende Affirmationen

Führen Sie nun eine zweite Runde Klopfen durch die Meridianpunkte durch, während Sie die folgenden Affirmationen sagen:

- Es ist sicher, dies loszulassen.
- Ich bin bereit, dieses Thema freizugeben.
- Ich finde Frieden in meinem Körper.
- Ich bin jetzt stark, geerdet und sicher in jeder Zelle meines Körpers.

Wenn Sie den Vorgang beendet haben, denken Sie erneut an die lästige Situation und messen Sie Ihr Unbehagen auf einer Skala von eins bis zehn, wie Sie es zuvor getan haben. Wenn Ihr Unbehagen nicht nachgelassen hat, nachdem Sie alle Meridianpunkte geklopft haben, wiederholen Sie die Übung von Anfang an.

## SEKHEM ENERGIE-HEILTECHNIK

Das Wort *Sekhem* bedeutet "Lebensenergie". Diese Energie entsteht durch die Vermischung von Shu und Tefnut, und sie ist es, die alles Lebendige aufrechterhält. Dies ist die Lebensenergie, mit der wir uns beschäftigen, wenn wir Sekhem-Energieheilung betreiben. Dies geschieht durch die Interaktion mit den Seelen- und Erdchakren. Dies sind zusätzliche Chakren zu den sieben Hauptchakren, die wir zuvor untersucht haben. Das Seelenchakra befindet sich etwa 12 Zentimeter über Ihrem Kopf und speichert Informationen über alle Ihre Lebenserfahrungen. Das Erdchakra befindet sich 12 Zentimeter unterhalb Ihrer Füße. Es verbindet Sie mit der Erdenergie und somit mit der Natur und dem Neteru.

## METHODE

Bei der Sekhem-Heilung wird die Energie über diese Chakren durch die Energiemeridiane des Körpers geleitet, wobei die Hände des Heilers und die von ihm verwendeten Hilfsmittel, wie z. B. Heilstäbe, als Mittel zur Energieübertragung eingesetzt werden. Die Kanalisierung der Energie durch die Meridiane gewährleistet einen gleichmäßigen Energiefluss im gesamten Körper. Der Prozess gibt alle Chakren frei, die möglicherweise blockiert sind oder eine Drainage aufweisen. Sobald alle Chakren entblockiert sind, bleibt die volle Vitalität erhalten oder wird dem Körper zurückgegeben.

Als Energiequelle nutzt Shekem die Energie des Sterns Sirius, der übrigens von den alten Ägyptern als die Heimat der verstorbenen Seelen bezeichnet wurde. Sirius ist auch als Hundestern bekannt, ein Ort, auf den sich die Dogon in Westafrika bezogen, noch bevor die moderne Astronomie Teleskope entwickelt hatte, die stark genug waren, ihn im Kosmos zu identifizieren. Neben dem Sirius kanalisiert Sekhem auch die Energie von Lemuria und Orion.

Wenn Sie von der Sekhem-Energieheilung profitieren möchten, empfiehlt es sich, einen Praktiker zu finden, der diese Heilmethode studiert hat. Bei dieser Methode werden spezifische Techniken und Symbole verwendet, die dem Praktiker bekannt sind, um die verschiedenen Chakren zu aktivieren und die erforderlichen Erd- und Sternenenergien anzurufen.

Der Heiler macht Gebrauch von Sekhmet-Symbolen. Das sind mehrdimensionale Symbole, die über jedes betroffene Chakra in die Luft gezeichnet werden. Diese Symbole werden verwendet, um die Energie aus den Sternensystemen auf die betroffenen Bereiche zu lenken. Sie rufen bestimmte kosmische Energien herbei, um die Ausrichtung und den Heilungsprozess zu unterstützen.

Während der Sekhem-Heilsitzung ist es normal, dass sowohl der Heiler als auch der Geheilte eine Interaktion mit der geistigen Welt erfahren. Dies kann in Form von Blitzen von Bildern, Farben, Vorfahren oder einigen der Götter und Göttinnen des alten Kemet geschehen. Sie alle erscheinen während der Sitzung, um den Prozess zu unterstützen und zu leiten. Für den Heiler sind sie ein Wegweiser, um die Bereiche zu identifizieren, die die meiste Arbeit und damit zusätzliche Konzentration benötigen, um den Heilungsprozess zu erleichtern. Für den Eingeweihten, der den Heilungsprozess durchläuft, dient die Anleitung dazu, die Richtung seines Lebens zu bestimmen, um ein Gleichgewicht zu erreichen und in Ma'at zu leben. Wenn Sie nach einer Heilsitzung Blitzbilder von Göttern und Göttinnen hatten, beschäftigen Sie sich aktiv mit ihnen. Recherchieren Sie, wofür diese Götter und Göttinnen im Laufe ihres Lebens gestanden haben (Sie werden auf diesen Seiten eine Fülle von Informationen finden). Für welche Lebensbereiche waren sie zuständig, und welche Herausforderungen hatten sie zu bewältigen? Untersuchen Sie anschließend Ihr eigenes Leben auf Ähnlichkeiten und schauen Sie, welche Lehren sich daraus ziehen lassen. Es könnte sein, dass sie Ihnen als Wegweiser dienten oder Ihnen in einem bestimmten Bereich Ihres Lebens Kraft gaben.

Die Sitzung endet mit der Erdung der Energie des Patienten. Dies geschieht, um sicherzustellen, dass der Patient nach der Sitzung geerdet bleibt. Bei anderen Energieheilungsmethoden, die diesen Schritt nicht integrieren, fühlen sich die Patienten nach der Behandlung manchmal benommen, da ihre Chakren weiterhin äußeren Reizen ausgesetzt sind. Um dies zu vermeiden, erdet Sekhem die Energie des Eingeweihten sowohl vor als auch nach jeder Sitzung.

## AUSWIRKUNGEN

Aufgrund ihrer Verbindung mit dem Seelenchakra wirkt die Sekhem-Energieheilung über den physischen Körper und die aktuelle Zeit hinaus. Sie führt zu einer höheren Bewusstseinsebene und beseitigt Energieblockaden, die als Folge vergangener Ereignisse entstanden sind. Daher ist die Sekhem-Heilung in Fällen, in denen Menschen unter den anhaltenden Auswirkungen eines Traumas leiden, das in der Vergangenheit stattgefunden hat, ein gutes Hilfsmittel, um diese vergangenen Traumata anzusprechen und zu überwinden.

Sekhem Healing hat positive emotionale Auswirkungen, die für diejenigen, mit denen Sie täglich zu tun haben, spürbar sind. Nach einer Sekhem-Energieheilungssitzung werden Ihre Mitmenschen wahrscheinlich veränderte Verhaltensmuster aufgrund Ihres erhöhten Bewusstseins beobachten. Daher kann die Wirkung einer Sekhem-Heilsitzung noch Wochen nach der

Sitzung spürbar sein. Wenn die Energieblockaden, die beseitigt wurden, schon lange im Körper vorhanden waren, kann die Sitzung lebensverändernd sein. Die Person wird in der Lage sein, mit einer anderen Perspektive und neuer Energie durchs Leben zu gehen. Dies kann die Projektion ihres Lebens positiv verändern. Da die Seele Erinnerungen aus früheren Leben mit sich trägt, kann es vorkommen, dass die zu klärende Energie aus einem früheren Leben mitgeführt wurde. Diese Restenergie kann durch Sekhem Healing aufgrund der Interaktion mit dem Seelenchakra geklärt werden.

Die Beschäftigung mit dem Erdchakra und dem Neteru führt zu einer verstärkten Verbindung mit den Ahnen und Geistführern. Diese können auch während der Sitzung auftauchen, entweder als kurzes Aufblitzen oder als ständige Präsenz während der Sitzung. Bei der Sekhem-Heilung wird erwartet, dass diese Geistführer in der Form von Sekhmet oder Bastet erscheinen. Sie könnten auch von einem anderen Vertreter der fünf Pantheons kommen, die für die Gesundheit zuständig sind, wie Heka, Auset, Serket und Ta-Bitjet.

## SEKHMET

Es wird erwartet, dass die Sekhmet-Energie während der Heilungssitzungen zu spüren sein wird, da Sekhem die Energie ist, die in den Heilungstempeln verwendet wurde. Diese Heilenergie fällt in den Bereich von Sekhmet. Sekhmet, deren Name "die Mächtige" bedeutet, ist die Göttin der Heilung und war die Schutzherrin der Heilungstempel im alten Kemet. Die Priester und Priesterinnen dieser Tempel heilten sowohl körperliche als auch geistige Leiden mit Hilfe der Sekhem-Energie. Sekhmet ist eine Kraft, die die Heiler auch heute noch leitet. Diejenigen, die die Aufgaben übernehmen, die von den Priestern und Priesterinnen der Heilungstempel zu Zeiten des alten Kemet wahrgenommen wurden, rufen Sekhmet oft in ihren verschiedenen Formen an, um sie bei ihren Heilungssitzungen zu leiten. Sekhmet nimmt auch andere Formen an, wie Bastet und Hathor. Jede Form, die sie annimmt, offenbart eine andere Seite ihrer Persönlichkeit und bringt unterschiedliche Elemente mit sich. Als Bastet ist sie eine Beschützerin der Menschen und der Haushalte. Sie schützt sie vor Krankheiten und bösen Geistern und verleiht ihnen gleichzeitig Gesundheit und Fruchtbarkeit. Als Hathor ist sie die lebenslustige Beschützerin der Frauen und die Göttin der Mutterschaft.

## PANTHEONS DER GESUNDHEIT

Nach den Praktiken des alten Kemet gibt es fünf Pantheons, die für unsere Gesundheit verantwortlich sind. Diese sind Sekhmet, Heka, Serket, Ta-Bitjet und Auset. Wir haben bereits über die löwenköpfige Sekhmet und ihre Rolle als Schutzherrin der Priester und Priesterinnen der Heilung gesprochen. Sie hat die Fähigkeit, Heilung und Fruchtbarkeit zu bringen, kann aber auch Pestilenz und Zerstörung bringen. Ihre Fähigkeit, Seuchen zu verbreiten, gibt ihr ein Verständnis für Krankheiten und deren Beseitigung, so wie ihre Fähigkeit zur Zerstörung sie zum Aufbau befähigt.

### *Heka*

Das nächste Pantheon auf unserer Liste ist Heka, der Gott

der Magie und der Medizin. Er trägt einen Helm, aus dem scheinbar zwei erhobene Arme ragen. Er trägt einen Stab mit zwei ineinander verschlungenen Schlangen. Sein Stab hat die Zeiten und Kulturen überdauert und ist zu einem modernen Symbol der Medizin geworden. Magie war im alten Ägypten ein fester Bestandteil, sogar über den Tod hinaus. Diejenigen, die nicht an ihre Fähigkeit glaubten, das Abwägen ihrer Seelen mit den 42 Gesetzen von Ma'at zu überleben, sorgten dafür, dass sie genug Magie erlernten, um die Tortur zu überstehen. Dies machte Heka zu einem wichtigen Aspekt des Lebens und des Lebens nach dem Tod, da Heka für die Magie zuständig war. Die Magie war jedoch nicht nur für den Zugang zum Jenseits wichtig. Heka war im alten Kemet allgegenwärtig, denn Magie war ein Teil des täglichen Lebens, auch für die Lebenden. Das Wissen und die Verwendung der richtigen Wortkombination sind von wesentlicher Bedeutung, da die Magie in Form von geschriebenen und gesprochenen Worten weitergegeben wird. Auch das Jenseits war voll von Magie. Hier benutzten diejenigen, die es nicht geschafft hatten, durch die 42 Gesetze von Ma'at ins Gleichgewicht zu kommen, Zaubersprüche, um die Prüfung zu bestehen, die ihnen den Eintritt ins Jenseits ermöglichte.

### *Serket*

Serket ist eine Göttin der Heilung, mit einem besonderen Schwerpunkt auf der Heilung von Giftbissen. Dieser Schwerpunkt wird durch den Skorpion hervorgehoben, den sie wie eine Krone auf ihrem Kopf trägt. Sie ist auch eine Göttin der Natur, der Tiere, der Magie und der Fruchtbarkeit. Das Ankh, das sie bei sich trägt, wird oft als Symbol für den Mutterleib angesehen;

daher ist es passend, dass Darstellungen einer Fruchtbarkeitsgöttin sie mit einem solchen Symbol zeigen.

### *Ta-Bitjet*

Ta-Bitjet ist eine Schutzgöttin. Zu ihren Einsatzgebieten gehören Bisse, Stiche, Gifte und das Jungfernhäutchen. Zu ihren Methoden gehören der Einsatz von Zaubersprüchen und die Verwendung des Blutes ihres eigenen Jungfernhäutchens als Gegengift. In Darstellungen von Ta-Bitjet nimmt sie die Form eines Skorpions mit dem Kopf einer Frau an.

### *Auset*

Auset, bei den Griechen als Isis bekannt, ist die ultimative Heilergöttin. Sie hat ihren toten Ehemann Ausar mehrfach wieder zum Leben erweckt. Das erste Mal geschah dies, nachdem er von seinem Bruder getötet und sein Sarg in einen Fluss geworfen worden war. Als der Sarg an Land gespült wurde, wuchs aus ihm ein Djed-Baum mit einem verlockenden Aroma. Der Baum wurde gefällt und zu einer Säule für den König von Byblos verarbeitet. Als Isis den Baum zurückholte, erfüllte sie zunächst die Aufgabe, den Sohn des Königs zu heilen. Danach kehrte sie mit der Säule zurück und befreite ihren Mann aus dem Inneren der Säule. Sein Bruder tötete ihn ein zweites Mal. Diesmal zerstückelte er Ausar - auch bekannt als Osiris - in 14 Teile und verstreute sie entlang des Nils. Die treue Auset sammelte alle Teile, die sie finden konnte, und setzte sie für die Bestattung zusammen. Da sie den Penis nicht fand, schuf sie einen, damit ihr Mann ganz begraben werden konnte. Dies war das zweite Mal, dass es ihr gelang, dem Körper ihres toten Mannes Leben zu entlocken. Ganz begraben zu sein, war eine wichtige Voraussetzung dafür, dass er ins Jenseits aufgenommen wurde. In dieser vollständigen Form besuchte ihr Mann sie im Traum und schwängerte sie. Beachten Sie, dass Ausets Ehemann in Geistergestalt war, als er sie schwängerte. Da Ausar außerdem die meiste Zeit damit verbrachte, die Fallen seines Bruders Set zu überleben, haben er und Auset ihre Ehe nie vollzogen. Als der Geist von Ausar Auset schwängerte, war dies daher die erste aufgezeichnete unbefleckte Empfängnis. In der Folge haben andere Religionen und Glaubenssysteme ähnliche Berichte verfasst.

Diese Heilpantheons können alle angerufen werden, um den Heilungsprozess zu unterstützen, insbesondere wenn es um die Spezialität einer Gottheit geht, sei es Fruchtbarkeit, Stiche oder die Wiederbelebung von Aspekten Ihres Lebens, die tot zu sein scheinen. Lassen Sie sich bei Ihren Bitten an sie von ihren Geschichten leiten. Dazu gehören auch die Herausforderungen, die sie überwunden haben, und die unmöglichen Taten, die sie in ihrem Leben auf der Erde vollbracht haben. Seien Sie sich bewusst, dass einige dieser Pantheons irgendwann auf der irdischen Ebene existierten - entweder wurden sie dort geboren, wie Auset, oder sie wurden irgendwann auf die Erde geschickt, um ein bestimmtes Kunststück zu vollbringen, wie Sekhmet es tat. Wenn sie nicht auf der Erde wandelten, hatten sie täglich mit gewöhnlichen Menschen zu tun. Dies ist der Fall bei Heka, die aufgerufen war, in allen Bereichen des Lebens und auch im Tod zu helfen.

Wenn Sie Ihre Reise mit Sekhem Healing beginnen, sollten Sie sich die verschiedenen Aspekte vor Augen halten, die sie so kraftvoll machen. Sekhem Healing bietet eine ganzheitliche Heilerfahrung, die über die sieben Hauptchakren hinaus auch die Seele und die Erdchakren mit einbezieht. Bei der Einwirkung auf diese Chakren wird Energie aus dem Kosmos und der Erde bezogen. Diese Heilmethode ermöglicht es Ihnen, Themen aus Ihrer Vergangenheit und Ihrer Gegenwart zu behandeln. Die intuitive Führung und die Einsicht, die Sie von der Sirius-Energie, den Ahnen und den Pantheons der ägyptischen Heilkunst erhalten, machen diese Form der Heilung zu einer, die die Fähigkeit hat, den Verlauf Ihres Lebens zu verändern.

# MAAT

# 8

# TÄGLICHE KEMETISCHE SPIRITUELLE RITUALE, MIT DENEN SIE JETZT BEGINNEN KÖNNEN, UM IHRE GÖTTLICHKEIT ZU ENTFALTEN

Ma'at ist die Göttin der Wahrheit, der Harmonie, des Gesetzes und der Gerechtigkeit. Sie wird oft in kniender Position dargestellt, wobei ein Bein unter ihren Körper geklemmt ist und das Knie des anderen Beins nach oben zeigt, während die Sohle des entsprechenden Fußes flach auf dem Boden liegt. Ihre geflügelten Arme strecken sich vor ihr aus oder gehen seitlich von ihrem Körper ab.

Die Straußenfeder, die sie auf dem Kopf trägt, ist die gleiche Feder, mit der sie unsere Seelen wiegt, wenn wir von der Erde in den Himmel übergehen. Zusammen mit ihren Gefährten Djehuti und Hathor entscheidet sie darüber, ob das Leben eines Menschen vollständig beendet wird oder ob er ins Jenseits übergehen kann.

Daher ist es von Vorteil, nach dem Aufwachen die Gesetze von Ma'at als Absicht für den Tag zu rezitieren. Sie sollten als Erinnerung an die Dinge dienen, die Sie unterlassen werden. Am Ende des Tages sollten Sie diese Gesetze noch einmal rezitieren, um über

Ihren Tag nachzudenken und festzustellen, ob Sie Ihren Tag so verbracht haben, wie Sie es sich ursprünglich vorgenommen hatten.

## DIE REZITATION DER GESETZE VON MA'AT

Die Gesetze des Ma'at werden auch als die 42 Prinzipien des Ma'at bezeichnet. Sie dienen als Leitfaden für ein Leben nach diesen Prinzipien. Die Zehn Gebote sind aus diesen Gesetzen destilliert.

Die 42 Gesetze von Ma'at lauten wie folgt:

1. Ich habe keine Sünde begangen.
2. Ich habe keinen Raubüberfall mit Gewalt begangen.
3. Ich habe nicht gestohlen.
4. Ich habe keine Männer und Frauen erschlagen.
5. Ich habe keine Lebensmittel gestohlen.
6. Ich habe keine Angebote erschwindelt.
7. Ich habe Gott nicht bestohlen.
8. Ich habe keine Lügen erzählt.
9. Ich habe keine Lebensmittel weggetragen.
10. Ich habe nicht geflucht.
11. Ich habe meine Ohren nicht vor der Wahrheit verschlossen.
12. Ich habe keinen Ehebruch begangen.
13. Ich habe niemanden zum Weinen gebracht.
14. Ich habe nicht ohne Grund Kummer empfunden.
15. Ich habe niemanden angegriffen.
16. Ich bin nicht betrügerisch.
17. Ich habe niemandem sein Land gestohlen.

18. Ich bin kein Lauscher gewesen.
19. Ich habe niemanden fälschlicherweise beschuldigt.
20. Ich bin nicht ohne Grund zornig gewesen.
21. Ich habe die Frau von niemandem verführt.
22. Ich habe mich nicht beschmutzt.
23. Ich habe niemanden terrorisiert.
24. Ich habe nicht gegen das Gesetz verstoßen.
25. Ich bin nicht übermäßig wütend gewesen.
26. Ich habe Gott nicht verflucht.
27. Ich habe nicht mit Gewalt gehandelt.
28. Ich habe keine Störung des Friedens verursacht.
29. Ich habe nicht übereilt oder unüberlegt gehandelt.
30. Ich habe meine Grenzen der Besorgnis nicht überschritten.
31. Ich habe beim Sprechen nicht übertrieben.
32. Ich habe nichts Böses getan.
33. Ich habe keine bösen Gedanken, Worte oder Taten gebraucht.
34. Ich habe das Wasser nicht verschmutzt.
35. Ich habe nicht wütend oder arrogant gesprochen.
36. Ich habe niemanden verflucht, weder in Gedanken, noch in Worten, noch in Taten.
37. Ich habe mich nicht auf ein Podest gestellt.
38. Ich habe das, was Gott gehört, nicht gestohlen.
39. Ich habe den Verstorbenen nicht bestohlen oder respektlos behandelt.
40. Ich habe kein Essen von einem Kind genommen.
41. Ich habe nicht unverschämt gehandelt.
42. Ich habe das Eigentum Gottes nicht zerstört.

(AncientEgypt, n.d.)

## STUDIE

Eine Möglichkeit, Ihr spirituelles Leben zu vertiefen, besteht darin, sich Zeit für das Studium religiöser Texte zu nehmen. Das kann von jeder der großen Weltreligionen sein. Der Grund, warum das Studium verschiedener Religionen Sie zum Kemetismus führen wird, ist, dass diese Religionen im Verdacht stehen, die kemetische Religion als Grundlage zu haben. Sie können dies selbst entdecken, wenn Sie genug studieren. Zum Beispiel ist eine Jungfrau, die ein Kind durch unbefleckte Empfängnis gezeugt hat, eine ähnliche Geschichte wie Auset, Ausar und Heru. Die Welt, die durch Klang ins Leben gerufen wird, ist die Geschichte von Ra und Nefertum. Die Welt, die in verschiedenen Formen aus dem Wasser auftaucht, ist ein Spiegelbild des BenBen-Felsens, der aus den Wassern des Chaos auftaucht. Viele glauben, dass diese Geschichten von verschiedenen Kulturen auf der ganzen Welt neu verpackt und nacherzählt worden sind. Das ist der Grund, warum die religiösen Geschichten so oft auf Kemet zurückgehen.

Sie können auch vom Studium der Mythologie und Religion des alten Kemet profitieren. Sie werden durch die Lektüre dieses Buches gelernt haben, dass das Wissen über die Götter und Göttinnen für die kemetische Lebensweise von zentraler Bedeutung ist. Das Verständnis der einzelnen Geschichten und der Interaktionen zwischen den Gottheiten wird Ihnen auf Ihrem persönlichen Weg und bei Ihren Begegnungen mit anderen Menschen helfen. Dies kann durch das Wissen um die Archetypen geschehen, die die Gottheiten repräsentieren, und um die

Bereiche Ihres Lebens, die diese widerspiegeln. Das Studium der kemetischen Geschichten zusammen mit anderen religiösen Mythen wird Ihnen helfen, die Verbindung zwischen den Prinzipien und Überzeugungen der großen Weltreligionen und denen der Kemet zu erkennen. Sie werden dann vielleicht verstehen, dass, obwohl sich die Religion im Laufe der Zeit verändert hat, die zentralen Prinzipien, die die Menschheit leiten, dieselben geblieben sind. Sie werden erkennen, dass die Menschheit weiterhin von denselben Kräften gelenkt wird, wie sie es schon immer getan hat. Dies sollte Ihnen helfen, einen Weg zu finden, die Methode der Anbetung zu finden, bei der Sie sich am meisten mit dem Göttlichen in Einklang fühlen.

Eine genaue Kenntnis der Gottheiten hilft Ihnen, herauszufinden, wen Sie anrufen können, wenn Sie vor verschiedenen Herausforderungen stehen. Durch das Praktizieren der Theurgie können Sie dann die Aspekte der Gottheit annehmen, die Ihnen helfen können, Ihre Herausforderung zu überwinden. Durch das Studium des Wortes Gottes in der Form, in der es Ihnen zur Verfügung steht, werden Sie Wissen und Einsichten erhalten, die Sie täglich nutzen können. Weitere Orientierungshilfen erhalten Sie durch die religiösen Praktiken und Rituale, die in jeder Religion ein zentrales Thema sind. Diese sind in ihre Lehren integriert und beinhalten Handlungen wie die Bedeutung des Gebens als Gegengewicht zum Segen des Empfangens. Dies ist das Gesetz der Kausalität, und die Art und Weise, in der es oft gelehrt wird, besteht darin, gute Ergebnisse in Ihrem Leben zu fördern, indem Sie das Gleiche für andere schaffen.

Im Mittelpunkt der meisten Religionen steht der Akt des Gebets. Dabei kommuniziert man mit dem Göttlichen oder bittet es um Hilfe bei der Erreichung von Lebenszielen. Dies ist das

Prinzip des Mentalismus in Aktion, wenn man sich mit dem Göttlichen auf mentaler Ebene verbindet. Wenn Sie das tun, verfügen Sie über die Macht, Atome, die Bausteine der Schöpfung, so zu bewegen, dass Sie Ihre Ziele erreichen. Je mehr Sie Ihren Geist durch Praktiken wie Meditation zur Ruhe bringen können, desto besser werden Sie in der Lage sein, das Gebet als Ressource zu nutzen, um die Umstände und Menschen herbeizuführen, die Sie zu dem nächsten Schritt führen, der für die Verwirklichung Ihres Wunsches erforderlich ist.

Die Existenz von Gut und Böse in der Welt wird in zahlreichen Religionen dargestellt, ebenso wie die Art und Weise, wie das Böse durch das Gute überwunden werden kann. Wenn diese in Form von guten und bösen Individuen personifiziert werden, wird das Prinzip der Polarität auf eine praktische Weise erklärt, die der durchschnittliche Verstand begreifen kann.

Daher vermitteln die Religionen Ihnen ein erstes Verständnis dafür, wie die Gottheiten in Ihrem Leben wirken können. Außerdem bieten sie ein praktisches Mittel, um die hermetischen Gesetze in die täglichen Aktivitäten zu integrieren. Dies geschieht durch Aktivitäten in der Gemeinschaft, durch Spenden an die religiöse Institution und an andere Institutionen sowie durch das Beharren auf Gebet und Ritual als integraler Bestandteil Ihres Lebens. Diese hermetischen Gesetze sind ein wichtiger Teil des Lebens in Harmonie mit der Schöpfung und des Vorankommens bei der Erreichung Ihrer angestrebten Ziele.

## SAUBERE ERNÄHRUNG

Versuchen Sie, sich so zu ernähren, dass die Energie der Sonne in Form von grünen Blättern und bunten Lebensmitteln, die reich an Antikörpern sind, eingefangen wird. Das bedeutet, dass Ihre Ernährung so weit wie möglich aus natürlichen, nicht raffinierten Lebensmitteln bestehen sollte. Wenn Sie zu viele raffinierte Lebensmittel zu sich nehmen, ist die Nahrung schwer verdaulich. Die Abfallprodukte dieser Nahrung können nur schwer aus dem Körper ausgeschieden werden, was zu Energieblockaden und potenziellen Gesundheitsrisiken aufgrund von Blockaden im Sakralchakra führt. Andererseits liefert eine pflanzliche Ernährung dem Körper die maximale Menge an Nährstoffen und bietet gleichzeitig gesundheitliche Vorteile, einschließlich der Fähigkeit, sich während meditativer Übungen besser zu konzentrieren, da weniger Energie für den Verdauungsprozess aufgewendet wird.

Tägliche spirituelle Rituale helfen Ihnen, sich auf Ihr Lebensziel zu konzentrieren. Spirituelle Rituale können Aktivitäten wie das Anzünden von Kerzen und Weihrauch, das Rezitieren von Gebeten sowie tägliches Yoga und Meditation umfassen. Die täglichen Erinnerungen, die während Ihrer Gebete und Ihrer meditativen Praxis auftreten, helfen Ihnen, im Einklang mit den Gesetzen von Ma'at zu leben. Dies wird geschehen, wenn Sie Ihren Geist auf das universelle Bewusstsein ausrichten und Prinzipien praktizieren, die sich die hermetischen Gesetze zunutze machen.

## MEDITATION

Meditation ist eine Methode, die dazu dient, den Geist zu fokussieren. Die Fähigkeit, Ihren Geist klar zu fokussieren, ist für das Erreichen Ihrer Lebensziele unerlässlich. Sie ermöglicht es Ihnen, inmitten von ablenkenden Situationen Ihre Wünsche zu verwirklichen. Es ist auch eine Fähigkeit, die es Ihnen ermöglicht, sich auf die Elemente der Göttlichkeit um Sie herum einzustimmen. Sie ermöglicht es Ihnen, achtsam zu sein und auf die Hinweise und Reize zu reagieren, mit denen die Götter und Göttinnen versuchen, Ihnen eine Botschaft zu übermitteln. Ohne den Fokus und die Achtsamkeit, die die Meditation in Ihr Leben bringt, könnten Sie Schwierigkeiten haben, sich auf die Aktivitäten einzulassen, die für die Theurgie und das Leben in einer Art und Weise wesentlich sind, die Sie ständig mit der Göttlichkeit in Einklang bringt.

Nehmen Sie sich täglich Zeit, Ihren Geist zu klären und sich von der göttlichen Weisheit inspirieren zu lassen. Integrieren Sie Yoga und einige Chakrenheilungsübungen in Ihre meditative Praxis. Diese können in Form von Affirmationen durchgeführt werden und sorgen dafür, dass die Chakren in Ihrem Körper gereinigt bleiben. Vollständig ausgerichtete Chakren ermöglichen es Ihnen, ein möglichst ausgeglichenes und gesundes Leben zu führen. Die Klärung des Geistes, die die Meditation mit sich bringt, schafft eine Plattform für göttliche Inspiration, die in Ihr Leben treten kann. Sie können nur dann neue Botschaften empfangen, wenn Ihr Geist nicht mit chaotischen Gedanken aus Ihrem täglichen Leben gefüllt ist. Wenn Sie sich auf diese Weise konzentrieren, können Sie mit neuer Kraft und Zielstrebigkeit an Ihre täglichen Aktivitäten herangehen.

Meditation führt zur Stille des Geistes. Daher ist Achtsamkeit ein wichtiger Aspekt der Meditation. Diese kann geübt werden, indem man sich auf ein visuelles Objekt, einen Klang oder ein geistiges Bild konzentriert. Auch die Atemarbeit ist für die Meditation wichtig. Ich werde Ihnen einige Übungen vorstellen, die sowohl Atemarbeit als auch die Konzentration auf verschiedene Aspekte einschließen. Jede Übung wird für einen bestimmten Zweck eingeführt und kann an Ihre speziellen Bedürfnisse angepasst werden.

## MEDITATION ZUM SCHAFFEN

Es ist am besten, diese Meditation am Anfang oder in der Mitte eines kreativen Projekts durchzuführen. Sie können sie auch als Einstieg in den Tag nutzen. Sie ermöglicht es Ihnen, den universellen Strom des kreativen Bewusstseins anzuzapfen, so dass Sie ihn für Ihre eigene Kreativität nutzen können. Es vermittelt Ihnen ein tiefes Verständnis dafür, dass der universelle Prozess, der große Galaxien erschafft, derselbe ist, der auch zierliche Blumen hervorbringt. Sobald Sie in der Lage sind, dieses Konzept zu verstehen, können Sie es in Ihrem Leben als Schöpfer anwenden. Dies gilt für alle Formen der Kreativität, ob es sich nun um ein Kunstwerk, Musik, den Zusammenbau eines Stuhls oder ein Computerprogramm handelt. Um etwas effektiv zu erschaffen, müssen Sie auf die schöpferische Energie zugreifen, die in jedem von uns wohnt.

Bevor Sie mit dieser einfachen, aber effektiven Meditationsübung beginnen, ist es von Vorteil, die Technik der Boxatmung zu erlernen. Sie wird Boxatmung genannt, weil der ein- und der ausatmende Atem gleich lang ist. Auch das Anhalten des Atems ist auf beiden Seiten dieser beiden Aktionen gleich lang. Dadurch ähnelt der Atemvorgang dem Zeichnen eines Quadrats oder eines Kastens mit dem Atem. Um diese Technik auszuführen, atmen Sie vier Sekunden lang ein und halten dann vier Sekunden lang den Atem an. Danach atmen Sie vier Sekunden lang aus und lassen den ausgeatmeten Atem vier Sekunden lang aus der Lunge, bevor Sie wieder einatmen. Wiederholen Sie die Box-Atemübung, bevor Sie zum nächsten Abschnitt übergehen. Auch hier atmen Sie vier Sekunden lang ein, halten vier Sekunden lang die Luft an, atmen vier Sekunden lang aus und halten vier Sekunden lang die Luft an. Wenn Sie das Gefühl haben, dass Sie die Technik der Boxatmung perfektioniert haben, können Sie mit dem Visualisierungsaspekt der Meditationsübung fortfahren. Während Sie visualisieren, fahren Sie mit der Box-Atemübung fort.

Setzen Sie sich im Schneidersitz auf den Boden und legen Sie Ihre Hände entspannt ineinander auf Ihren Schoß. Stellen Sie sich den Prozess der Schöpfung vor, wie Nefertum auf dem Lotus saß und neben Ra die Worte der Schöpfung sprach. Während Sie ein- und ausatmen, stellen Sie sich diese Kraft der Schöpfung vor und stellen Sie sich vor, wie Sie an diesem Prozess teilnehmen. Stellen Sie sich vor, dass neue Galaxien geboren werden, während Sie sie in die Existenz sprechen, während sich gleichzeitig eine Blume am Stiel einer Pflanze bildet. Die Blume bildet eine Knospe und wächst zur vollen Blüte heran, während die neue Galaxie erschaffen wird. Atmen Sie mit der Box-Atemtechnik ein und aus, während Sie die Schöpfungskraft, die in Ihnen wohnt, anzapfen. Halten Sie fünf Minuten lang diesen Aspekt der sanften Box-Atmung aufrecht, während Sie sich den Prozess der Schöpfung vorstellen. Wenn Sie nicht in der Lage sind, Ihre Konzentration fünf Minuten lang aufrechtzuerhalten, halten Sie sie so lange wie möglich aufrecht, während Sie sich darauf aufbauen. Wenn Sie Ihre Konzentration länger als fünf Minuten aufrechterhalten können, sollten Sie dies tun, da es Ihre Fähigkeit, sich mit dem Göttlichen auszurichten, verbessert.

## FREUDE MEDITATION

Suchen Sie sich eine bequeme Position, sei es im Schneidersitz auf dem Boden oder auf dem Rücken liegend. Schließen Sie die Augen und lassen Sie den Kopf in einer entspannten Haltung leicht nach vorne fallen. Atmen Sie tief durch die Nase ein und lassen Sie zu, dass die Wirkung des Atems Ihren Bauch nach außen drückt. Wenn dies geschieht, wissen Sie, dass Sie aus Ihrem Zwerchfell atmen. Atmen Sie sanft durch die Nase oder den Mund aus und drücken Sie die gesamte Luft aus den Lungen, bevor Sie erneut tief einatmen. Während Sie in dieser entspannten Position sitzen, neigen Sie Ihren Kopf von einer Seite zur anderen, so dass sich die rechte Seite Ihres Halses dehnt, während Sie Ihren Kopf zur linken Seite neigen. Atmen Sie in dieser Position tief ein und aus, bevor Sie den Kopf zur rechten Seite neigen, so dass sich die linke Seite des Halses gedehnt anfühlt.

Jetzt, wo Sie völlig entspannt sind, denken Sie an einen Moment zurück, in dem Sie unkontrolliert gelacht haben. Vielleicht haben Sie sogar so sehr gelacht, dass Sie geweint haben. Was geschah zu dieser Zeit? Mit wem waren Sie zusammen? Was hat Sie zu so viel Lachen angeregt? Welche körperliche Aktivität hatten Sie davor ausgeübt, wenn überhaupt? Was haben Sie danach gemacht? Können Sie sich an die Geräusche, Gerüche und Geschmäcker von diesem Tag erinnern? Wenn Sie an diesen Tag zurückdenken, was sehen Sie dann vor Ihrem geistigen Auge? Entspannen Sie Ihre Muskeln, wenn Sie sich an diese Empfindungen erinnern und daran, wie Sie sich bei dieser Gelegenheit gefühlt haben. Wenn Ihnen bei der Erinnerung zum Lächeln zumute ist, lächeln Sie ruhig. Wenn Sie einen Witz in der Art und Weise, wie er erzählt wurde, noch einmal lachen müssen, dann erlauben Sie sich, zu lachen. Spüren Sie das Gefühl in Ihrer Brust, während Sie weiter ein- und ausatmen und sich an den Moment erinnern. Spüren Sie die Freiheit des Moments, in dem Sie mit solcher Freude gelacht haben. Atmen Sie weiter, während Sie versuchen, sich an so viele Details wie möglich über diesen Moment zu erinnern.

Erkennen Sie an, dass dieser besondere Moment immer bei Ihnen sein wird, und um diese Empfindungen wieder zu spüren, müssen Sie nur die Augen schließen und sich erinnern. In diesem Wissen denken Sie noch einmal an diesen Moment und erlauben Sie sich, die Freude zu spüren, die Sie empfunden haben, und das Lachen, das Ihr Wesen durchdrungen hat. Atmen Sie weiter, während Sie das Gefühl genießen. Wenn Sie bereit sind, aus dem Moment herauszutreten, heben Sie Ihr Kinn, so dass Ihr Gesicht gerade nach vorne gerichtet ist. Heben Sie nun Ihre Arme auf beiden Seiten, bis sich Ihre Hände über Ihrem Kopf befinden. Lassen Sie zu, dass sich Ihre Handflächen sanft berühren. Atmen Sie ein und atmen Sie sanft aus. Wiederholen Sie den Vorgang des Ein- und Ausatmens und achten Sie darauf, dass Sie tief einatmen. Öffnen Sie nun die Augen und machen Sie sich bereit, den Tag mit innerer Freude anzugehen.

## MEDITATION FÜR MA'AT

Dies ist eine gute Meditation für die Momente, in denen Sie das Gefühl haben, ein wenig die Kontrolle zu verlieren oder nicht mehr im Einklang mit der Welt um Sie herum zu sein.

Setzen Sie sich mit geradem Rücken entweder auf den Boden oder auf einen Stuhl. Legen Sie die Hände auf die Knie und schließen Sie die Augen. Atmen Sie tief ein, und denken Sie beim Ausatmen an das Wort "Gleichgewicht". Atmen Sie erneut ein, und denken Sie diesmal beim Ausatmen an das Wort "Harmonie". Wiederholen Sie den Vorgang, wobei Sie sich bei jedem Ausatmen auf die Worte "Frieden", "Gerechtigkeit" und "Ordnung" konzentrieren. Gleichgewicht, Harmonie, Frieden, Gerechtigkeit, Ordnung. Verbringen Sie zehn Minuten damit, über diese Worte nachzudenken und darüber, was jedes einzelne von ihnen für Sie bedeutet. Wenn zehn Minuten vergangen sind, breiten Sie Ihre Arme auf beiden Seiten Ihres Körpers aus. Drehen Sie Ihren Oberkörper nach links und dann nach rechts. Öffnen Sie die Augen und kommen Sie aus Ihrem kontemplativen Zustand heraus.

## MEDITATION FÜR ERNEUERUNG UND TROST

Machen Sie diese Meditation, wenn Sie sich energielos fühlen. Sie erinnert uns daran, dass wir unser Energieniveau erneuern können, solange wir uns Zeit zum Ausruhen nehmen. Für diese Übung werden zwei Yogapositionen verwendet. Die erste Yogaposition ist Khepri - der Skarabäuskäfer. Um diese Yogastellung einzunehmen, knien Sie sich hin, während Sie auf Ihren Hüften sitzen. Atmen Sie tief ein und aus. Lehnen Sie sich nach vorne und stützen Sie sich mit den Händen ab. Senken Sie Ihren Körper auf den Boden, bis Ihre Stirn den Boden berührt und Ihre Arme mit den Handflächen nach unten ausgestreckt sind. Während Sie in dieser Position liegen, denken Sie an die Erneuerung des Skarabäuskäfers, die seit Jahrtausenden stattfindet. Jedes Jahr, wenn der Nil Hochwasser führt, gräbt sich der Skarabäuskäfer tief in den Boden ein. Wenn sich das Wasser zurückzieht, taucht der Käfer wieder auf. Während Sie in dieser Position liegen, graben Sie sich tief in sich selbst ein, indem Sie Ihren gesamten Körper von den Füßen bis zum Kopf geistig abtasten. Tun Sie dies dreimal und beobachten Sie dabei, wie Sie sich entlang aller Meridianpunkte Ihres Körpers fühlen. Sobald Sie dies dreimal getan haben, konzentrieren Sie sich auf Ihr Solarplexus-Chakra. Achten Sie beim Ein- und Ausatmen darauf, wie Ihre Zwerchfellatmung diesem Chakra Energie und Sauerstoff zuführt. Stellen Sie sich vor, wie diese Energie wie ein gelber Ball wächst und sich ausdehnt, um Ihren ganzen Körper mit gelbem Licht zu erfüllen. Wenn Sie sich erneuert fühlen, drücken Sie Ihren Körper mit den Handflächen nach oben und setzen Sie sich wieder auf Ihre Hüften. Legen Sie Ihre Handflächen für einige Minuten auf die Oberschenkel. Erheben Sie sich nun und stellen Sie sich auf Ihre Füße, damit Sie sich auf den Komfortaspekt der Meditation einlassen können.

Stellen Sie sich mit den Füßen schulterbreit auseinander. Heben Sie die Arme seitlich an, so dass sie auf Höhe der Schultern ausgebreitet sind. Schwingen Sie beide Arme beim Einatmen nach hinten. Bringen Sie nun die Arme beim Ausatmen nach vorne. Stellen Sie sich dabei vor, dass Aset hinter Ihnen steht und Ihre Bewegungen nachvollzieht. Wenn Ihre Hände die Vorderseite Ihres Körpers erreichen, lassen Sie einen Arm Ihren Körper unter dem anderen Arm kreuzen, so dass sich die Hände nicht berühren. Stattdessen sollten Sie Ihre Hände beim Ein- und Ausatmen kontinuierlich von der Körpervorderseite zu den Seiten des Körpers bewegen. Wiederholen Sie die Bewegung und die Atemübung fünfmal. Bringen Sie danach Ihre Arme nach vorne und verschränken Sie sie vor sich in einer Umarmung. Schließen Sie die Augen und stellen Sie sich vor, dass Aset Ihre Bewegungen weiterhin spiegelt und Sie in einer Umarmung hält. Atme in dieser Position fünfmal ein und aus. Bedanke dich bei Aset, öffne die Augen und gehe in den Rest deines Tages.

## KEMETISCHES GEBET

Das Gebet ist ein Gespräch mit Gott, bei dem man erwartet, dass Gott die Botschaft empfängt und auf das, was man vorbringt, antwortet. Die Antwort kann in Form einer hörbaren Stimme, einer Vision, eines Traums, eines Ereignisses oder einer Reihe von Zufällen erfolgen, die mit der Antwort übereinstimmen, die Sie im Gebet gesucht haben.

Das theurgische Gebet ist mehr als das. Wenn wir Theurgie praktizieren, versuchen wir, unseren Geist zu erheben, um uns eng an den der Götter und Göttinnen anzugleichen. Wenn wir nach Lösungen für unsere spirituellen Bedürfnisse suchen, versuchen wir, die Persönlichkeiten der Götter und Göttinnen zu verkörpern, die das Wissen und die Antworten haben, die wir suchen. Auf diese Weise streben wir nach spirituellem Wachstum. Bei der theurgischen Praxis wird durch die Verwendung von Worten, physischen Elementen und Körperbewegungen, die mit bestimmten Gottheiten verbunden sind, eine enge Beziehung zu den Gottheiten hergestellt. Dies kann in Form von spezifischen Yogabewegungen, dem Aussprechen bestimmter Worte oder Götternamen und Ritualen wie dem Anzünden von Kerzen oder Weihrauch geschehen, um eine spirituelle Atmosphäre zu schaffen. Auf diese Weise können wir durch die Kombination von Elementen, Handlungen und Worten direkt mit den Gottheiten in Kontakt treten und sie verkörpern, um spezifische Rituale zu schaffen, die den Weg zur Ausrichtung auf sie und zur Erleuchtung in uns selbst öffnen.

Wenn Sie kemetische Spiritualität praktizieren, geht der Akt des Gebets daher über das Aussprechen einer ausgewählten Auswahl von Worten in einer bestimmten Reihenfolge hinaus. Obwohl Worte ein Teil der Praxis bleiben, erfordert das kemetische Gebet einen größeren Input von Ihnen, da es von Ihnen verlangt, mehr im Einklang mit dem göttlichen Geist zu sein, den Sie ansprechen oder verkörpern wollen. Wenn Sie mit dieser Göttlichkeit im Einklang sind oder versuchen, mit ihr im Einklang zu sein, werden Sie das Wissen aus Ihrer Forschung nutzen, um Ihnen in Ihrem Prozess zu helfen. Sie werden die Handlungen ausführen, die Getränke trinken und die Praktiken ausüben, von denen Sie wissen, dass diese Gottheit sie ausübt. Sie werden auch die Visualisierung als ein mächtiges Mittel nutzen, um die Worte, die Sie sprechen, zum Leben zu erwecken. Auf diese Weise werden Sie versuchen, sie vollständig zu verkörpern. Eine Möglichkeit, dieses Ziel zu erreichen, ist die Anwendung der Methoden und Praktiken, die Sie in diesem Buch kennen gelernt haben.

Aufzeichnungen über Tempelpraktiken berichten von der Verbrennung von Weihrauch über einem Feuer oder Kohlen, die zu diesem Zweck angezündet wurden. Im Laufe der Zeit sind wir davon abgekommen, den ganzen Tag über mehrere Tempel zu besuchen, und verbringen unsere Zeiten der Anbetung zunehmend in unseren persönlichen Räumen. Dies hat einen Ersatz für die offenen Feuer und die heißen Kohlen erforderlich gemacht, über denen der Weihrauch ursprünglich verbrannt wurde. Kerzen und Weihrauch in Form von Stäbchen und

Kegeln sind der Ersatz, den wir gefunden haben. So können wir die Tradition fortführen und die Götter ehren.

Im alten Kemet wurde Weihrauch in der Morgendämmerung, zur Mittagszeit und bei Sonnenuntergang angezündet, damit die Gebete zum Himmel emporsteigen konnten und von den Göttern aufgrund des süßen Duftes, der diese Gebete begleitete, erhört wurden. Die verwendeten Weihrauchsorten unterschieden sich je nach Tageszeit. In der Morgendämmerung wurde Weihrauch verwendet. Mittags wurde Myrrhe verwendet, und in der Abenddämmerung wurde Kyphi angezündet. Kyphi war ein komplexer Weihrauch. Er war essbar und wurde zur Heilung von Krankheiten verwendet, aber auch als Opfergabe verbrannt. Seine Zusammensetzung umfasste mehrere Zutaten wie Honig, Weihrauch, Minze, Rosinen, Kiefernharz, Kiefernkerne, Zimt, Myrrhe und Wacholderbeeren. Das Abbrennen von Duftkerzen und Weihrauch bei Sonnenuntergang hat den zusätzlichen Vorteil, dass es die Träume lebhafter macht.

Zusätzlich zum täglichen Weihrauch wurden bestimmte Arten von Weihrauch verwendet, um bestimmte Gottheiten anzurufen. Myrrhe wurde zum Beispiel verwendet, um Asar, Auset, Hathor und Anubis anzurufen. Anubis wurde zusätzlich von Zedernholz und Weihrauch angezogen. Weihrauch wurde auch verwendet, um Hathor anzurufen. Mit diesem Wissen können Weihrauch und Duftkerzen für diese spezifischen Gottheiten bei Sonnenaufgang, Mittag und Sonnenuntergang verbrannt werden. Das Verbrennen von Weihrauch oder Duftkerzen ist eine gute Ergänzung zu Ihren Gebeten, da Sie damit den Gewohnheiten der alten Ägypter folgen können. Wenn Sie nicht die Möglichkeit haben, dreimal am Tag in den Tempel zu gehen, können Sie beim Gebet den duftenden Rauch des Feuers in Form von Weihrauch und Kerzen verwenden. So können Sie die Aufmerksamkeit der Götter auf sich ziehen, damit sie Ihre Bitten erhören.

Wenn man mit der Erwartung bittet, etwas zu erhalten, wird empfohlen, sich wie Hathor in Dankbarkeit zu üben, indem man den tief sitzenden Glauben hegt, dass die Gebete bereits erhört worden sind. Wenn Sie sich auf diese Weise in Dankbarkeit üben, können Sie einen Zustand von Ma'at aufrechterhalten. Es ist auch eine gute Idee, Ereignisse mit der Autorität von Heru zu verkünden, als er in der Gestalt von Nefertum die Schöpfung ins Leben rief. Indem Sie etwas zur Existenz erklären, gehen Sie über das Bitten hinaus und treten in den Glauben ein, dass Ihre Bitten erfüllt werden, selbst wenn Sie sie stellen. Wenn Sie dies tun, beginnen Sie, die universelle Energie zu nutzen, die in den hermetischen Gesetzen beschrieben ist, und kommen so in Einklang mit der Kraft der Energie, die Sie verkörpern und anrufen.

Versuchen Sie, Ihre Bewegungen mit den Göttern und Göttinnen in Einklang zu bringen, während Sie die richtige Einstellung und die richtigen Worte finden. Dies geschieht am besten durch die Praxis des kemetischen Yoga, wie es auf den Tempelwänden und Papyrusrollen dargestellt ist. Das Bonuskapitel zum kemetischen Yoga, das am Ende dieses Buches enthalten ist, kann Ihnen einige Anleitungen dazu geben, wie Sie Yoga zur Verkörperung der Götter und Göttinnen einsetzen können. Es bietet Ihnen auch eine Anleitung für die Bewegungen, die Sie zusammen mit einigen der spezifischen Gebete, die später in diesem Kapitel beschrieben werden, verwenden können. So wie sich Ihr Körper auf die göttlichen Handlungen ausrichtet, sollte auch Ihr Geisteszustand auf das Göttliche ausgerichtet sein. Nur mit dieser Geisteshaltung können Sie an dem kontinuierlichen Schöpfungsakt teilnehmen, der ständig stattfindet, während sich das Universum weiter ausdehnt. Indem Sie für Gleichgewicht und Harmonie in Ihrem eigenen Leben sorgen, ermöglichen Sie, dass dasselbe auch im Universum geschieht. Dies entspricht dem hermetischen Gesetz der Entsprechung, das besagt:

"Wie oben, so unten". Wenn Sie dies tun, werden Sie zum Mitschöpfer von mehr als nur Ihrem Leben, sondern auch des Universums. Dies ist der Zustand, den man täglich anstreben sollte.

Daher wäre es gut, wenn ein umfassendes Gebet Teil Ihres täglichen Lebens wäre. Beginnen Sie jeden Tag mit einem Gebet. Wenn möglich, tun Sie dies zwischen 4 und 6 Uhr morgens, wenn der Tag beginnt. So können Sie Ihre Absichten mit der Sonne in Einklang bringen, kurz bevor sie ihre tägliche Reise über den Himmel antritt.

Zu dieser Tageszeit ist es am ruhigsten, weil die Aktivitäten des Tages und die elektronischen Geräte, die um unsere Aufmerksamkeit konkurrieren und uns stören, noch nicht stören. Sie befinden sich in einem ruhigeren Geisteszustand als im restlichen Tagesverlauf. Der frühe Teil des Tages nach dem Aufwachen ist auch die Zeit, in der Ihr bewusster und Ihr unterbewusster Geist stärker miteinander verbunden sind, da sie gerade aus der Traumwelt aufgetaucht sind. Schalten Sie morgens nicht gleich die Technik ein, denn sie schwingt in einer anderen Frequenz als Ihr Körper und Ihre Seele. Außerdem wird Ihre Aufmerksamkeit in dem Moment, in dem Sie den Fernseher, das Radio oder das Handy einschalten, umgelenkt. Sie sind dann nicht mehr innerlich auf sich selbst und Ihre Geistführer fokussiert, wie Sie es eigentlich sein sollten. Stattdessen wird Ihre Aufmerksamkeit von zeitraubenden Technologien und Medien in Beschlag genommen. Wenn Sie spirituell wachsen wollen, ist dies eine wichtige Tageszeit für die spirituelle Verbindung und das Nachdenken über Botschaften, die Sie vielleicht in Form von Träumen vom Göttlichen erhalten haben.

Wenn Sie sich an Ihre Träume erinnern, nehmen Sie sich Zeit, sie durchzuspielen, während Sie versuchen, sie im Detail zu erinnern. Bitten Sie um Führung beim Verstehen von Botschaften, die Ihnen von Ihren Geistführern in Form von Träumen übermittelt wurden. Es ist eine gute Idee, ein Traumtagebuch zu führen, in dem Sie alle Träume, an die Sie sich erinnern, festhalten können. So können Sie wiederkehrende Themen verfolgen und feststellen, ob Ihnen eine besondere Botschaft übermittelt wurde. Wenn Ihre Träume prophetisch sind und eine Warnung oder Ankündigung eines künftigen Ereignisses enthalten, können Sie mit einer schriftlichen Aufzeichnung nachweisen, dass die Prophezeiung vor dem tatsächlichen Ereignis eintrat. Das stärkt Ihren Glauben an die Botschaften, die Sie erhalten, und hilft Ihnen, Muster zu erkennen, die Sie bei der Traumdeutung in der Zukunft anwenden können. Wenn Sie den Traum verstanden haben, bitten Sie um göttlichen Beistand, damit Sie wissen, welche Schritte Sie unternehmen müssen, um die im Traum vorgeschlagenen Handlungen umzusetzen, oder um zu wissen, welche Schritte Sie als nächstes unternehmen müssen, um Ihre Wünsche zu verwirklichen. Wenn Sie den Traum nicht verstehen, suchen Sie nach Themen, Personen, Orten und Ereignissen, die eine Bedeutung für Ihr Unterbewusstsein haben. Dies kann Ihnen dabei helfen, die Symbole und

Archetypen aus Ihren Träumen auf die Welt um Sie herum zu übertragen.

Wenn Sie Ihre täglichen Gebete verrichten, tun Sie dies immer mit einem Geist der Dankbarkeit und mit der Absicht, Ihr Leben im Gleichgewicht mit den Gesetzen des Universums zu leben. Denken Sie in Ihren Gebeten über die Gesetze von Ma'at nach und bitten Sie um Führung in den Bereichen, in denen Sie das Gefühl haben, dass Sie am wenigsten in der Lage sind, sie einzuhalten. Nehmen Sie sich Zeit, um die Bereiche zu erwähnen, die in Ihrem Leben notwendig sind, und bitten Sie um Versorgung in diesen Bereichen. Wenn Sie Ma'at anrufen, können Sie bestimmte Kombinationen von Räucherstäbchen verwenden, z. B. Amber und Myrrhe, Gardenie und Rose, Lavendel und Salbei, Weihrauch und Sandelholz, Jasmin und Vanille, weißer Salbei und Drachenblut, Patchouli und Bergamotte sowie Zitrusfrüchte und Zedernholz. Jede dieser Kombinationen kann angezündet werden, bevor Sie Ihr Gebetsritual beginnen.

Beten Sie für die Gesundheit Ihres Körpers, insbesondere für die lebenswichtigen Körperorgane, die als Kinder des Heru bezeichnet werden. Bitten Sie um Gesundheit für Ihre Leber, Lunge, Ihren Magen und Ihre Eingeweide. Bitten Sie darum, dass sie von Imsety, Hapi, Duamutef bzw. Qubehsenuf geschützt werden. Bitten Sie darum, dass sie dies mit der Unterstützung von Isis, Nephthys, Neith und Selket tun, so wie diese Gottheiten diese Organe im Jenseits schützen werden. Bitten Sie um Klarheit und Anleitung, wie diese Organe zu pflegen sind, um ein langes und gesundes Leben zu gewährleisten.

## BESONDERE GEBETE

Wenn Sie beten, sollten Sie sich bewusst sein, dass verschiedene Gottheiten für unterschiedliche Lebensbereiche zuständig sind. Daher sollten Sie versuchen, Ihre Gebete auf die Bedürfnisse auszurichten, die Sie zu einem bestimmten Zeitpunkt haben. Ein gezieltes Gebet führt mit größerer Wahrscheinlichkeit zu dem von Ihnen gewünschten Ergebnis, als wenn Sie ein pauschales Gebet sprechen würden. Obwohl diese Pauschalgebete alle Bereiche abdecken, lenken sie die Aufmerksamkeit auch auf die Bereiche, die keine unmittelbare Aufmerksamkeit erfordern. Da es sich um allgemeine Gebete handelt, bemerken Sie die Ergebnisse vielleicht nicht, wenn sie eintreten. Denken Sie daran, dass Sie beim Beten nicht nur die Götter und Göttinnen anrufen, sondern sich auch mit den universellen Kräften auseinandersetzen. Daher ist eine konzentrierte Haltung erforderlich, damit Sie die größtmögliche Wirkung erzielen können. Um eine solche Konzentration zu erreichen, ist es ratsam, zunächst mit einer Meditation zu beginnen. Dadurch wird Ihr Geist von unnötigen Gedanken befreit, so dass Sie nur Ihr Anliegen in das Gespräch mit den Göttern einbringen und jegliche Negativität und Frustration hinter sich lassen können.

Im Folgenden finden Sie einige gezielte Gebete, die Ihnen zeigen sollen, wie Sie Ihre Gebete gestalten können, um bestimmte Ergebnisse zu erzielen. In jedem der folgenden Gebete werden die Gottheiten angerufen, die über die Bereiche herrschen, in denen sie um Hilfe gebeten werden. Die Gebete enden in Dankbarkeit, denn Sie müssen den Glauben haben, dass Ihre Gebete erhört werden; auf diese Weise werden Sie Ihre Worte manifestieren. Sie können diese Gebete verstärken, indem

Sie die entsprechenden Yoga-Bewegungen mit den Namen der Gottheiten ausführen, wenn diese im Kapitel über kemetisches Yoga aufgeführt sind. Dies wird Ihnen helfen, Ihre Aufmerksamkeit zu fokussieren und die Gottheit zu verkörpern, die Sie um Hilfe anrufen.

### *Für Landwirte und Gärtner*

Wenn ich heute Morgen hinausgehe, um meine Saat auszusäen, wende ich mich an Geb, den Gott der Erde. Möge der Boden, in den ich meine Saat pflanze, reich und fruchtbar sein, mit der perfekten Mineralienkombination für meine Bedürfnisse. Ich öffne auch Ausar, dem Gott der fruchtbaren Vegetation, die Werke meiner Hand. Ich bitte dich, mir wohlgesonnen zu sein. Leite meine Hand beim Pflanzen und Ernten, so wie du meine Pflanzen im Wachstumsprozess leitest. Ich bitte dich, dass mein Garten dich und dein Werk, das du auf der Erde getan hast, ehrt. Ich bitte dich, dass du meine Pflanzen vor Schädlingen, Dürre und Unwetter schützt. Mit dieser Bitte rufe ich auch Tefnut an, die Göttin der Feuchtigkeit in der Luft. Lass es die richtige Menge und die richtige Art von Niederschlag zur richtigen Zeit geben. Ich bitte darum, dass dieser Niederschlag meinen Pflanzen hilft, nach Kräften zu gedeihen. Hilf mir, durch meine Ernte einen positiven Einfluss in meiner Gemeinde zu haben. Durch die Kraft von Amen-Ra. Ich danke dir.

### *Für Rechtsangelegenheiten*

Während ich mich an die Aktivitäten mache, die mit dieser rechtlichen Angelegenheit zusammenhängen (nennen Sie die spezifischen Aktivitäten und die rechtliche Angelegenheit), bitte ich Ma'at und Djehuti um Hilfe. Ihr zwei, die ihr Wahrheit, Weisheit und Ehre in der Welt bewahrt, ich bitte euch, diese Aspekte in meinem Leben zu bewahren. Ich bitte darum, dass die Weisheit von Djehuti in den Köpfen derer, die den Vorsitz in meiner Angelegenheit führen werden, präsent sein möge. Ich bitte darum, dass diese Weisheit auch in der Vorbereitungsphase auf den Termin präsent sein möge. Weisheit von Djehuti, ich lade dich ein, an der Seite meiner Rechtsvertreter zu sitzen. Lass sie sich von der richtigen Herangehensweise an die vor uns liegende Angelegenheit inspirieren. Lass mich auch mit einem guten Gedächtnis inspiriert werden, damit ich mich rechtzeitig an wichtige Details erinnern kann, Details, die einen fruchtbaren Beitrag zum Vorbereitungsprozess leisten können. Ich bitte darum, dass Sekhmet anwesend ist, um mich in meiner Unschuld zu schützen und sicherzustellen, dass das Ergebnis dieser rechtlichen Angelegenheit ein für mich faires ist. Ich bitte darum, dass Ma'at allgegenwärtig ist, um sicherzustellen, dass in dieser Angelegenheit und bei allen damit verbundenen Aktivitäten Gerechtigkeit herrscht. Bei der Macht von Amen-Ra. Ich danke dir.

### *Zur Heilung von körperlichen Krankheiten*

Bastet, ich rufe dich jetzt in der Zeit der Not an. Ich bitte dich um dein Eingreifen, während ich mit dieser Krankheit kämpfe, die mich verzehrt und den Reichtum meines Lebens auf einen Bruchteil dessen reduziert hat, was ich einst genoss. Ich bitte dich, oh Beschützer der Haushalte, mich und meinen Haushalt in dieser Zeit der Not zu beschützen. Komm in mein Leben, in meinen Haushalt, und verweile darin und vertreibe alle bösen

Geister, die die Ursache für diese Krankheit sein könnten. Bitte bringe wieder Gesundheit in meinen Körper und Vitalität in mein Leben. Bitte gib meinem Haushalt seine frühere Herrlichkeit zurück und mache ihn noch größer, als wir es uns vorstellen können. Mache meinen Körper wieder zu dem guten Kanal des Geistes, der er sein soll. Lass deine Güte und Barmherzigkeit in mir und meinem Haus wohnen. Durch die Kraft von Amen-Ra. Ich danke dir.

### *Für erfolgreiche medizinische Operationen*

Heru-Ur, Gott der Gesundheit und der Wiederherstellung. Ich bitte dich, dass du meinen Körper in seiner vollen Funktionsfähigkeit wiederherstellst. Auch wenn ich heute in den Operationssaal gehe, bitte ich dich, die Ärzte bei ihren Aufgaben zu leiten, damit ich vollständig wiederhergestellt werden kann. Ich bitte dich, Nephthys, während dieses Eingriffs auf meine inneren Organe aufzupassen. Lass die Hände der Ärzte sicher und ruhig sein, damit sie nur das vorgesehene Organ operieren und keine Fehler zu beiden Seiten des vorgesehenen Operationsgebietes gemacht werden. Ich rufe auch Iusaaset, die Göttin des Lebens, an, dass mein Körper nach dem erfolgreichen Eingriff vollständig geheilt sein möge. Ich bitte dich, Aset, mit deiner Macht der Auferstehung, dass du mich mit deiner Auferstehungskraft überziehst. Lass alle Narkoseverfahren störungsfrei verlaufen, so dass ich schlafen kann und zur richtigen Zeit aus der Operation erwache. Ich danke dir, dass du mich aus der Narkose auferweckst. Ich danke dir, dass du dies jetzt tust, wenn die Zeit für mein Aufwachen gekommen ist, und nicht vorher. Ich spreche dieses Gebet mit der Kraft von Amen-Ra. Ich danke dir.

. . .

***Für Reisen und Auslandsbeziehungen***

Oh, Het-Heru, Göttin der Diplomatie und der fremden Völker. Wir bitten dich, jetzt mit uns zu sein. Führe uns auf unserer Reise und in all unseren Interaktionen, sowohl geplant als auch ungeplant. Wir beten, dass alle Reisepläne reibungslos verlaufen, sowohl in Bezug auf den Transport als auch in Bezug auf alle erforderlichen Dokumente. Mögen alle Verhandlungen auf dem Weg zum und vom Zielort sowie am Zielort zu unseren Gunsten verlaufen. Mögen die Menschen in dem fremden Land (hier können Sie den Namen des Landes sagen), das wir betreten werden, uns als willkommene Verbündete betrachten. Lasst uns gute und fruchtbare Beziehungen zu ihnen haben. Mögen es Beziehungen sein, die viele glückliche Jahre andauern und für alle Seiten von Vorteil sind. Wir rufen Anpu an, dass wir uns auf unserer Reise nicht verirren, sondern dass wir die Freiheit haben, alles zu erkunden und sicher nach Hause zurückzufinden. Wir rufen Set an, um die Ereignisse unserer Reise zu lenken. Möge alles friedlich und nach Plan verlaufen. Bitte halte das Chaos in Schach. Möge auch das Wetter für unsere Reise günstig sein, damit die Natur nicht in einer Weise eingreift, die unser Vorankommen auf unserer Reise behindern könnte. Ich danke dir, Anpu, Set und Het-Heru, dass du uns auf dieser Reise und in all den Interaktionen, die wir dabei haben werden, leitest. Bei der Macht von Amen-Ra. Ich danke euch.

***Fruchtbarkeit für Männer***

Oh, Ausar und Auset, bitte helft mir in dieser Zeit der Not.

Aset, du hast einem toten Phallus Leben eingehaucht. Bitte erwecke auch meinen Phallus zum Leben, damit er produktiv sein kann. Ausar, du hast Heru gezeugt, obwohl du nicht mehr in dieser Welt warst und dein Phallus von einem Krokodil verschluckt wurde. Bitte gib mir die Fähigkeit, die du hattest, als du dich mit Auset gepaart hast, so dass ich sogar in deiner geistigen Form produktiv sein kann. Bitte erwecke in mir die Fähigkeit wieder, in diesem Leben Kinder zu zeugen. Ich danke euch, Ausar und Auset, dass ihr mich in diesem Moment mit dem Beispiel eurer Fähigkeit zur Fortpflanzung inspiriert habt, selbst als es schien, dass die Hoffnung verloren war. Ich danke dir, dass du heute die Hoffnung in mir wiederhergestellt hast. Bitte gib mir Entschlossenheit und leite mein Handeln, damit auch ich der stolze Vater gesunder Nachkommen sein kann. Bei der Macht von Amun-Ra. Ich danke dir.

### *Fruchtbarkeit für Frauen*

Oh, Hathor, schöne Mutter und Beschützerin der Frauen, ich bitte dich, meine Gebärmutter und die dazugehörigen Organe heute zu schützen. Ich bitte dich um deinen Beistand für den Empfängnisprozess, den ich gerade durchlaufe. Ich bitte dich, dass du mich leitest und Freude in mein Leben bringst, indem du diese Empfängnis fruchtbar machst. Ich weiß, dass ich dieses erfolgreiche Ereignis nutzen werde, um die Dankbarkeit zu verkörpern, die du in die Welt bringst. Danke, dass du die Frauen liebst, dass du sie beschützt und dass du ihnen so viel Schönheit und Freude schenkst. Ich bitte jetzt darum, dass sich meine Freude vervielfacht, wenn ich den Nachwuchs empfange, nach dem ich mich so sehr sehne. Ich rufe dich an, Aset, mich in diesem Prozess zu leiten, damit ich auch den Nachwuchs auf dieselbe Weise säugen kann, wie du Heru gesäugt hast. Ich danke dir, dass du bei mir bist und mich durch diesen Prozess führst. Bei der Macht von Amen-Ra. Ich danke dir.

### *Für eine erfolgreiche* ***Festveranstaltung***

Hathor, die du Freude, Liebe, Spaß und Musik in unser Leben bringst. Wir bitten dich, heute mit uns zu feiern. Wir danken dir, dass wir einen Anlass zum Feiern haben. Möge es für alle Anwesenden ein freudiger Anlass sein. Segne jeden von ihnen mit einem Gefühl der Dankbarkeit, mit einer Seele voller Lachen und mit dem Wunsch, Spaß zu haben. Möge es eine tiefe Wertschätzung für alle Anwesenden geben, und möge sich jeder in die Aktivitäten rund um diese Feier voll einbezogen fühlen. Ich bitte Bastet, uns mit guter Musik zu versorgen, die allen Beteiligten zusätzlichen Spaß bringt. Möge diese Musik für alle Anwesenden zu einem Weg zu wunderbaren Erinnerungen werden. Lass Ma'at bei der Veranstaltung anwesend sein, um für Harmonie unter allen und für Ordnung im Ablauf zu sorgen. Bei der Macht von Amen-Ra, wir danken Ihnen für eine wunderbare Veranstaltung.

### *Für Prüfungen,* ***Abschlussarbeiten und andere schriftliche Arbeiten***

Ich rufe heute Djehuti an. Du, der du Gott über das geschriebene Wort bist. Ich bitte dich jetzt, Djehuti, das Chaos aus meinem Geist zu vertreiben, so wie du täglich das Chaos aus dem Boot von Ra vertreibst, wenn er jede Nacht durch den Duat fährt. Hilf mir, die Arbeit, die vor mir liegt, mit einem klaren und geordneten Geist zu tun, der nicht von den Dämonen des Zweifels und der Vergesslichkeit gestört wird. Lass mein Schreiben ein klarer und vollständiger Ausdruck meiner gut durchdachten Ideen sein und den Lesern meiner Worte Einsicht vermitteln. Lass beim Lesen meiner Worte keinen Zweifel an meinem intellektuellen Niveau aufkommen; lass stattdessen diejenigen, die diesen Worten begegnen, auf neue Weise erleuchtet und inspiriert werden. Ich bete auch um die Weisheit von Nehmetawy. Ich bin heute in Not, und ich bitte dich um deine Unterstützung als Beschützer derer, die in Not sind. Bitte vermittle mir deine Weisheit und befähige mich, die Auswirkungen dieser erweiterten Weisheit mit denen zu teilen, die meine Werke lesen werden. Ich danke dir für deine Hilfe, und ich nehme die Güte an, die du mir heute schenkst. Durch die Kraft von Amen-Ra. Ich danke dir.

## KEMETISCHE MORGEN-, MITTAGS- UND ABENDRITUALE

Es ist von Vorteil, wenn Sie Ihr Bestes tun, um Ihren Morgen mit einer Haltung der Dankbarkeit zu beginnen. Haben Sie ein Gefühl für das Ziel des Tages, indem Sie sich mit etwas Yoga und den richtigen Worten an die souveräne Gottheit für die Ziele des Tages wenden. Im Folgenden finden Sie einige Beispiele, die Sie bei der Gestaltung Ihrer eigenen Morgenrituale unterstützen sollen. Diese Rituale beinhalten Yogastellungen, Atemübungen und einige Worte des Gebets, die Ihnen helfen, sich ganz auf die Gottheit und den Zweck des Rituals zu konzentrieren.

## DEM TAG LEBEN EINHAUCHEN

Nehmen Sie sich Zeit, ruhig und in Stille zu sitzen. Zählen Sie beim Einatmen bis vier. Eins, zwei, drei, vier. Denken Sie daran, tief in Ihr Zwerchfell zu atmen, so dass Ihr Bauch beim Einatmen gedehnt wird. Atmen Sie nun auf vier aus: eins, zwei, drei, vier. Stehen Sie auf und strecken Sie Ihre Arme weit über Ihren Kopf. Heben Sie gleichzeitig Ihre Fersen, so dass Sie auf den Zehenspitzen stehen. Während Sie die Arme über den Kopf heben, atmen Sie auf vier ein und aus. Dies ist die Shu-Position, die Ihre Lungen mit Sauerstoff füllt und Ihnen Energie für den Tag gibt.

Senken Sie die Arme, so dass sie an den Seiten hängen, und senken Sie die Fersen, so dass die Füße flach auf dem Boden stehen. Atmen Sie auf vier ein, bevor Sie auf vier ausatmen. Betrachten Sie den Tag, der vor Ihnen liegt, im Zusammenhang mit dem belebenden Atemzug, den Sie gerade genommen haben. Welchen Bereichen Ihres Lebens möchten Sie heute Leben einhauchen? Denken Sie in dieser entspannten Position an drei oder vier Bereiche, die Ihnen heute am wichtigsten sind, um ihnen Leben einzuhauchen. Heben Sie nun wieder die Arme über den Kopf und heben Sie dabei die Fersen an, so dass Sie auf den Zehen stehen. Während Sie Ihre Arme heben, stellen Sie sich vor, dass Sie das erste Thema hochheben, dem Sie heute Leben einhauchen wollen. Während Sie das Thema über Ihren Kopf heben, sagen Sie laut oder in Gedanken: "Shu, ich erhebe diese Angelegenheit heute zu dir. Indem ich das tue, erkläre ich, dass ich alle Ängste loslasse, die ich im Hinblick auf eine erfolgreiche Lösung oder Vollendung haben könnte. Ich erkläre, dass diese Angelegenheit, die ich dir vortrage, nicht mehr nur meine Angelegenheit ist, sondern auch deine Angelegenheit ist. Ich danke dir, dass du die Hauptlast dieser Angelegenheit tragst. Ich bitte dich, ihr Leben einzuhauchen."

Wenn sich Ihre Arme vollständig über Ihrem Kopf befinden, falten Sie Ihre Hände an Ihrem Handgelenk so weit wie möglich nach hinten. Ihre Haltung sollte so sein, als ob Sie jemandem, der viel größer ist als Sie, etwas auf einem Tablett anbieten würden. Damit übergeben Sie die Sache vollständig an Shu, um ihr Leben einzuhauchen und alle größeren Bedenken von sich zu nehmen. Atmen Sie nun auf vier ein und auf vier aus, bevor Sie die Arme wieder auf die Seiten und die Füße wieder auf den Boden senken. Sobald Sie sich wieder in einer entspannten Position befinden, atmen Sie erneut bis zum Zählen von vier ein und aus, bevor Sie Ihr nächstes Anliegen zu Shu erheben.

## MITTAGSAUFLADUNG

Wenn Sie einen anspruchsvollen Zeitplan haben, werden Sie oft feststellen, dass Ihnen am Nachmittag die Energie ausgeht, die Sie brauchen, um sich auf die anstehende Arbeit zu konzentrieren. In solchen Situationen ist es wichtig, eine Pause einzulegen und sich so zu regenerieren, dass Sie mit optimaler Leistung arbeiten können. Legen Sie in solchen Fällen eine kurze Pause ein und machen Sie eine Atemübung, die Ihnen hilft, Ihre Produktivität wieder zu steigern.

Wenn Sie sich in einer Umgebung befinden, in der dies möglich ist, nehmen Sie den Lotussitz ein. Setzen Sie sich dazu im Schneidersitz mit geradem Rücken und nach oben gerichteten Handflächen hin. Wenn Sie sich dafür Zeit nehmen, werden Sie daran erinnert, dass es möglich ist, sich von den Ablenkungen um Sie herum zu lösen und sich gleichzeitig auf Ihre Absichten für den Tag zu konzentrieren. Wenn Ihre Umgebung es Ihnen nicht erlaubt, in den Lotussitz zu gehen, suchen Sie sich einen Stuhl, auf dem Sie bequem aufrecht sitzen können. Setzen Sie sich mit geradem Rücken und nach oben gerichteten Handflächen hin.

Lassen Sie die Luft in Ihre Lungen strömen, indem Sie durch Ihre Nasenlöcher einatmen. Wenn sich Ihre Lunge füllt, machen Sie keine Pause zwischen den Atemzügen, sondern pressen Sie die Luft sofort aus der Lunge und aus dem Mund. Spannen Sie Ihre Bauchmuskeln an, um diesen Vorgang zu unterstützen. Während Sie in dieser Position sitzen, atmen Sie auf diese Weise weiterhin gleichmäßig ein und aus. Während Sie bei anderen Übungen einatmen und den Atem anhalten müssen, bevor Sie ausatmen, müssen Sie bei dieser Übung einatmen und sofort wieder ausatmen. Die Ein- und Ausatmung sollte gleich lang sein. Sie können zum Beispiel eine Sekunde lang einatmen und eine Sekunde lang ausatmen. Atmen Sie zwei bis zehn Minuten lang ununterbrochen ein und aus, ohne Pausen zwischen den Atemzügen.

Während Sie Ihre Atemübung machen, konzentrieren Sie sich auf Ihre positiven Absichten für den Tag und darauf, wie Sie die Gesetze von Ma'at in die restlichen Aktivitäten des Tages einbringen werden.

Diese Art der Atemtechnik wird *Feueratem* genannt. Sie belebt Sie und hilft sogar bei Verdauungsproblemen, wenn Sie welche haben. Wenn Sie Probleme mit Ihrer Lunge, Ihrem Herz oder Ihrer Wirbelsäule haben, sollten Sie diese Atemtechnik vermeiden, da schnelles Atmen Druck auf diese Bereiche ausübt. Als Alternative zum Feueratem können Sie auch die Boxatmung anwenden. Bei der Boxatmung müssen Sie viermal einatmen, viermal den Atem anhalten, viermal ausatmen und wieder viermal den Atem anhalten. Meditieren Sie über die Gesetze von Ma'at. Auch wenn die Boxatmung Sie nicht so belebt wie der *Feueratem*, werden Sie Ihren Geist besser fokussieren können als vor dem Energieabfall. Diese neu gewonnene Konzentration können Sie dann nutzen, um die Ergebnisse zu erzielen, die Sie sich für den Tag wünschen.

## ABENDLICHES RITUAL

Beenden Sie Ihren Tag gut, damit Ihre Seele jede Nacht einen sicheren Weg durch die Welt der Träume hat. Vielleicht möchten Sie Ihren geistigen Zustand von allen Dingen befreien, die im Laufe des Tages aufgetaucht sind und Sie von Ihrem Ziel abgelenkt oder gestört haben. Suchen Sie sich einen ruhigen Platz, um sich auf den Rücken zu legen und über den Tag nachzudenken. Während Sie in dieser Mumienstellung mit entspannten Armen an den Seiten liegen, wägen Sie die Ereignisse Ihres Tages gegen die Gesetze von Ma'at ab. Während Mord, gewaltsamer Raub und die Missachtung von Verstorbenen für die meisten Menschen leicht zu vermeiden sind, was ist mit den Gesetzen, die Sie täglich brechen können? Dazu gehören Gesetze, die sich darauf beziehen, sich selbst auf ein Podest zu stellen (Gesetz 37); wütend oder arrogant zu sprechen (Gesetz 35); jemandem etwas Schlechtes zu wünschen (Gesetz 36); sich in die Angelegenheiten anderer einzumischen (Gesetz 30); die Wahrheit zu beschönigen (Gesetz 31); zu lauschen (Gesetz 18); und zu lügen (Gesetz 8). Dies sind nur einige der Gesetze von Ma'at, die Ihnen helfen werden, wenn Sie gewissenhaft genug sind, sie zu befolgen.

Überprüfen Sie die Reaktionen, die Sie auf jede Situation hatten, die sich Ihnen im Laufe des Tages bot. Dies wird Ihnen helfen, die Bereiche zu identifizieren, in denen Sie nicht in der Lage waren, Ihr tägliches Handeln mit Ihrer Absicht, in Ma'at zu leben, in Einklang zu bringen. Wenn Sie diese Momente identifiziert haben, verurteilen Sie sich nicht selbst hart. Seien Sie sich stattdessen bewusst, dass, auch wenn es Ihnen an diesem Tag nicht gelungen ist, in Ma'at zu leben, Ihre Seele Sie führen wird, um zukünftige Hürden zu überwinden. Seien Sie dankbar, dass Sie die Fähigkeit haben, diese Bereiche zu erkennen und über Lösungen und Reaktionen nachzudenken, die dem Moment besser gedient hätten. Verzeihen Sie sich selbst, dass Sie diese Maßnahmen nicht ergriffen haben, denn Sie wussten, dass Sie sich zu dem Zeitpunkt, als sich die Gelegenheit bot, der Optionen, die Ihnen unmittelbar zur Verfügung standen, nicht bewusst waren. Seien Sie dankbar für die Weisheit, die Sie in diesem Moment der Reflexion gewonnen haben. Erfahrungsweisheit liefert Wissen, das Sie zu einem späteren Zeitpunkt in Ihrem Leben anwenden können, wenn sich ähnliche Situationen wieder ergeben. Seien Sie dankbar, dass Ihre Seele Sie durch die herausfordernden Aspekte Ihres Lebens führt.

Während Sie darüber nachdenken, wie Ihre Seele Sie durch das Leben führt, gehen Sie von der ruhenden Mumienstellung in die Fischstellung über. Schieben Sie dazu Ihre nach oben gerichteten Handflächen unter Ihre Oberschenkel. Heben Sie dann Ihren Oberkörper vom Boden ab, während Ihr Körper von den in den Boden gepressten Ellbogen gestützt wird. Atmen Sie in dieser Position tief ein und aus. Dies wird Ihnen leicht fallen, da die Position Ihre Brustkapazität erweitert. Fahren Sie mit dem langsamen Ein- und Ausatmen fort, bis Sie dies fünfmal getan haben. Senken Sie nun Ihren Körper sanft zurück auf den Boden. Nehmen Sie die Mumienstellung wieder auf und bewegen Sie die Arme seitlich vom Körper. Atmen Sie ein und atmen Sie wieder aus. Danken Sie dabei den Ntrs für ihre Unterstützung Ihrer Aktivitäten im Laufe des Tages. Wenn Ihnen nichts einfällt, wofür Sie dankbar sein könnten, denken Sie an die Tatsache, dass Sie am Leben sind und atmen können. Denken Sie an die Tatsache, dass Sie sich auf einer spirituellen Reise befinden, die Sie täglich in Richtung eines Zustandes der Erleuchtung führt. Seien Sie dafür dankbar. Wenn Sie den Moment der Meditation über Ihren Tag ausgeschöpft haben, können Sie sich sanft aufsetzen. Sie können nun den Rest des Abends mit einem frischen Blick angehen.

# SEKHMET

# 9

# *BONUS* KEMETISCHES YOGA ZUR ENERGETISIERUNG IHRER MODERNEN PRAXIS

Smai Tawi oder kemetisches Yoga ist eine Disziplin, die von der kemetischen Schöpfungsgeschichte sowie von den Stellungen der kemetischen Götter (Ntr) inspiriert ist, die auf Tempelwänden und Papyri abgebildet sind. Obwohl die Haltungen, die sie inspirieren, seit Tausenden von Jahren für die Menschheit sichtbar sind, wurde die Praxis erst kürzlich in eine Reihe von Yogastellungen umgewandelt. Durch das Üben dieser Haltungen können Sie Ihre Rumpfmuskulatur stärken und Ihre Flexibilität verbessern. Die Posen an sich sind ein Weg, um einen gesunden Körper zu erhalten. Doch wie bei allen kemetischen Praktiken geht es auch bei Smai Tawi um mehr als nur um das Beugen, Strecken und Drehen des Körpers. Smai Tawi wird in Verbindung mit anderen Lebensstilaktivitäten eingesetzt, um die allgemeine Gesundheit zu verbessern. Dazu gehört das spirituelle Wohlbefinden in Verbindung mit zusätzlichen Aktivitäten wie viel Wasser trinken und sich auf eine pflanzliche Ernährung umstellen, die einen gesunden Körper fördert. Die Anwendung dieser Haltungen in Verbindung mit der Atemarbeit ermöglicht es Ihnen, Ihre Energie auf die Aufrechterhaltung des inneren Gleichgewichts zu richten, das ein wesentlicher Bestandteil der spirituellen Reise ist.

Wenn Sie die Stellungen mit einem täglichen Sonnenbad von 10 bis 20 Minuten kombinieren, schaffen Sie optimale Bedingungen für Ihren Körper, um sich zu entwickeln. Die Sonne versorgt Ihren Körper mit Energie, und die tägliche Einwirkung ihrer Strahlen ermöglicht es Ihrem Körper, krankheitsbekämpfendes Vitamin D zu produzieren. Die Sonne-Ra, der Atem-Shu und die von den verschiedenen Göttern und Göttinnen inspirierten Yogahaltungen bringen Ihren Körper in Einklang mit seiner natürlichen Gelassenheit. Dieser Zustand des Körpers ermöglicht es Ihnen, den richtigen Geisteszustand zu haben, um die täglichen Herausforderungen des Lebens zu meistern. Der Prozess des kemetischen Yoga erfordert, dass Sie bei jeder Haltung und jedem Übergang zur nächsten über die Schöpfungsgeschichte und die Götter und Göttinnen meditieren. Die Hinzufügung dieser meditativen Haltung macht das kemetische Yoga zu einer idealen Praxis für die Erhaltung eines gesunden Körpers, Geistes und einer gesunden Seele.

## SHTI-DIE MUMIE

Die Mumienstellung ist eine Ausgangsposition für viele andere Stellungen. Das ist passend, denn diese Pose ist sowohl der Anfang als auch das Ende für einige andere Posen, was ihre Position als Anfang und Ende des Lebens selbst widerspiegelt. Als Anfang verkörpert sie das Potenzial. Wir wissen nie, wie sich ein neues Leben entwickeln wird; deshalb ist es spannend, diese Phase zu erleben. Es ist eine Phase, in der es viele Möglichkeiten gibt, da die Entscheidungen, die unser Wachstum einschränken und in eine bestimmte Richtung lenken, noch nicht getroffen wurden. Die Shti-Pose, die am Ende eingenommen wird, stellt einen Körper dar, der für die Auferstehung vorbereitet wurde. Diese Pose wird am Ende eines Lebens eingenommen, das vollständig gelebt wurde. Das gesamte Potenzial wurde durch die verschiedenen Entscheidungen und Handlungen zum Ausdruck gebracht, die getroffen wurden. Wenn man einen Körper betrachtet, der auf die Auferstehung vorbereitet ist, weiß man, dass es nur wenige Überraschungen gibt, die er einem bieten kann. Die Pose ist ein Symbol für die Wiederauferstehung Asars durch Aset. Indem Aset Asar auferstehen lässt, überwindet sie die Eifersucht und Unwissenheit von Set, da sie Weisheit einsetzt, um Asar zum Leben zu erwecken. Wenn wir die Körper der Männer und Frauen unserer Zeit in dem Moment betrachten, in dem ihr Leben zu Ende ist, glauben und hoffen wir, dass sie im Jenseits wieder auferstehen werden. Sie haben ihr Potenzial auf der Erde ausgeschöpft, und im Jenseits wartet eine neue und andere Ebene des Potenzials auf sie. Daher wird ihr Ende ähnlich wie ihr Anfang. Sie haben ein Kapitel all dessen abgeschlossen, was sie kennen, und sind doch nur noch einen Schritt von einem neuen Kapitel entfernt, von einem Neubeginn und dem Unbekannten mit neuen Möglichkeiten.

Legen Sie sich auf den Rücken und stellen Sie die Füße schulterbreit auseinander. Denken Sie an die Energie des Universums, die Aset benutzt hat, um Asar ins Leben zu rufen. Stellen Sie sich vor, dass sie mit Liebe und Mitgefühl auf Sie gerichtet ist. Atmen Sie ein und aus, während Sie spüren, wie diese universelle Energie Sie umarmt und Sie eins mit ihr werden. Während Sie da liegen, richten Sie die universelle Energie auf jeden Teil Ihre Körpers, der Heilung braucht.

## DER LOTUS

Die Mumienstellung geht in die Lotusstellung über. Diese beiden Posen symbolisieren den Übergang vom Tod zum Leben, der den Beginn der Schöpfung darstellt. Die Lotus-Pose ist inspiriert von der wunderschönen Lotusblume. Der Lotus ist oft in schlammigen Gewässern zu finden, sitzt jedoch aufrecht und losgelöst. Sie strahlt trotz ihrer Umgebung weiterhin ihre Schönheit aus. Wenn wir diese Pose einnehmen, erinnert sie uns daran, dass wir uns von den Wirrungen der Welt um uns herum nicht ablenken lassen sollten und dass wir an unserem wahren Ziel, der Ausrichtung auf das Göttliche durch Meditation und das Studium spiritueller Praktiken, festhalten müssen.

Um diese Bewegung auszuführen, müssen Sie sich zunächst die Welt vor der Schöpfung vorstellen. Dann können Sie sich aus den toten Wassern des Chaos in die Stille der Lotusblume erheben. Legen Sie sich also zunächst auf den Rücken, die Arme entspannt an den Seiten. Legen Sie sich ganz still hin und schließen Sie die Augen. Atmen Sie ein und aus und denken Sie dabei an all das Potenzial, das Sie in sich haben, um zu erschaffen. Das Potenzial in Ihnen ist die Fähigkeit, aus dem Chaos, das vor der Schöpfung bestand, etwas Schönes zu machen. Bleiben Sie zwei Minuten lang in dieser Position, bevor Sie sich in den Lotussitz setzen.

Für den Lotussitz setzen Sie sich im Schneidersitz auf Ihre Yogamatte, wobei jeder Fuß unter die Wade des gegenüberliegenden Beins geschoben wird. Halten Sie den Rücken gerade und stützen Sie die Unterarme auf den Knien ab, wobei die Handflächen nach oben zeigen.

Wenn Sie sehr beweglich sind, können Sie die Beine so überkreuzen, dass die Füße oben auf den Oberschenkeln ruhen.

Sollten Sie Schwierigkeiten haben, im Schneidersitz zu sitzen, setzen Sie sich aufrecht hin und ziehen Sie die Knie unter den Körper, so dass Ihr Rücken mit den Fersen eine Linie bildet. Legen Sie die Handgelenke auf die Oberschenkel, so dass die Handflächen nach oben zeigen.

In dieser Position ist Ihr Körper zentriert, und die Chakren (oder Energiezentren) entlang der Wirbelsäule sind ausgerichtet.

Beide Positionen dieser Bewegung eignen sich gut für Meditation und Reflexion, während man sich mit Atemübungen beschäftigt.

Vermeiden Sie bei Ihren Atemübungen schnelle, flache Atemzüge, die die Schultern heben und den Brustkorb erweitern. Diese Bewegungen sollten nur dann erfolgen, wenn die Atemübungen diese Aktionen ausdrücklich vorsehen. Sie sollten stattdessen die Zwerchfellatmung üben. Dazu atmen Sie so durch die Nase ein, dass sich Ihr Bauch ausdehnt. Halten Sie den Atem im Bauch zwei Sekunden lang an, und atmen Sie dann durch den Mund aus.

## NEFERTEM AUF DEM LOTUS

Diese Pose ist inspiriert von Heru, dem göttlichen Kind der Schöpfung, wenn er in der Form von Nefertum oder Nefertem ist. Während des Schöpfungsprozesses sitzt Heru auf einer Lotusblume, während das göttliche Bewusstsein das Universum durch die Verwendung von Klangschwingungen erschafft.

Um diese Pose einzunehmen, beginne im Lotussitz. Heben Sie dann den Zeigefinger und zeigen Sie auf Ihren Mund, aus dem der Ton kommt. Legen Sie die Hand wieder in den Schoß und rezitieren Sie die Namen der Götter und Göttinnen in der Reihenfolge, in der sie am Baum des Lebens aufsteigen: Heru Ur, Nebthet, Set, Aset, Asar, Nut, Tefnut, Geb, Shu, Hetheru, Ma'at, Ra. Nehmen Sie sich während des Prozesses Zeit, sich im Raum umzusehen. Konzentrieren Sie sich auf jedes Objekt im Raum. Erinnern Sie sich daran, dass jedes physische Objekt, das Sie sehen, aus urzeitlicher Materie geschaffen wurde. Schließen Sie nun Ihre Augen und stellen Sie sich vor, dass Sie die Eigenschaften von Heru in seiner kindlichen Form als Nefertem angenommen haben. Stellen Sie sich vor, dass Sie die Götter und Göttinnen aus der Schöpfungsgeschichte benennen, während sie erschaffen werden, damit sie ihren Platz im Universum einnehmen können. In dieser Form von Nefertem, auf der Spitze der Lotusblume sitzend, unbehelligt von dem Chaos um Sie herum, beginnen Sie sich vorzustellen, wie Sie Ihr Universum nach Ihren Wünschen erschaffen. Nachdem Sie nun Ihr ideales Universum erschaffen haben, sehen Sie sich selbst losgelöst davon, wie eine unberührte Lotosblume inmitten eines sumpfigen Sees. Ihre Vollkommenheit wird von Ihrer Umgebung nicht beeinflusst. Selbst wenn die Welt um Sie herum im Chaos versinkt, verkörpern Sie weiterhin die Qualitäten, zu deren Ausdruck Sie geboren wurden.

## NONNE

Diese Pose ist inspiriert von dem Akt des Ra, der während des Schöpfungsprozesses aus den Wassern des Nun aufsteigt.

Da Ra ein Gott ist, der im Gleichgewicht ist und Gegensätze vereint, beginnen Sie diese Haltung in einer ähnlich ausgeglichenen hockenden Position. Halten Sie die Füße parallel zueinander und die Handflächen vor der Brust aneinander gepresst. Atmen Sie ein, während Sie sich vorstellen, dass Sie sich in völliger Ausrichtung unter den Wassern des Nun befinden. Atmen Sie aus. Atmen Sie ein und wieder aus, in dem Wissen, dass Sie das Potenzial der Schöpfung in sich tragen. Dieses Schöpfungspotenzial ist dasselbe Energiepotenzial, das zur Erschaffung des Universums verwendet wurde.

Beruhigen Sie Ihren Geist von allen chaotischen Gedanken, die auftauchen könnten, und erheben Sie sich. Wenn Sie sich erheben, wird Ihre erste Bewegung von einer hockenden zu einer halbhockenden Position sein. Während Sie sich erheben, beginnen Sie einzuatmen und bewegen Sie Ihre Arme in einer Aufwärtsbewegung auseinander, so dass sich Ihre Handflächen auf beiden Seiten Ihres Kopfes befinden. Die Ellbogen müssen so angewinkelt sein, dass die Oberarme parallel zum Boden sind, während die Unterarme auf beiden Seiten des Kopfes parallel zueinander sind.

Atmen Sie aus und beugen Sie die Handgelenke leicht nach hinten, so dass die Handflächen gegen den Himmel zu drücken scheinen. Beenden Sie die Haltung, indem Sie die zweite Bewegung ausführen. Dies erfordert, dass Sie sich weiter in eine vollständig stehende Position erheben.

## AUFWÄRMEN

Diese Aufwärmstellung ist eine Vorbereitung auf die Trennung von Himmel (Nut) und Erde (Geb).

- Beginnen Sie Ihr Aufwärmtraining, indem Sie mit schulterbreit auseinander stehenden Füßen und ausgestreckten Armen stehen. Drehen Sie Ihren Oberkörper so, dass Sie bei jeder Drehung hinter sich schauen. Atmen Sie ein, wenn Sie sich nach rechts drehen, und aus, wenn Sie sich nach links drehen. Spüren Sie bei jeder Drehung Ihres Körpers, wie die Luft um Ihre Hände und Arme strömt.
- Legen Sie nun Ihre Hände auf die Taille und beugen Sie sich seitlich zur linken Seite. Spüren Sie die Dehnung auf der rechten Seite Ihres Oberkörpers. Beugen Sie sich nun auf die andere Seite, um die Wirkung auf Ihren Körper auszugleichen.
- Beugen Sie sich nun leicht nach hinten, bevor Sie sich in der Taille nach vorne beugen, während sich Ihre Hände immer noch in der Taille befinden. Führen Sie dies viermal für jede Richtung durch.
- Als Nächstes lehnen Sie sich aus der Hüfte nach vorne und beginnen dann, sich nach links zu neigen, bevor Sie sich nach hinten, dann nach rechts und wieder nach vorne neigen. Auf diese Weise bewegen Sie Ihren Körper in einer kreisförmigen Bewegung im Uhrzeigersinn. Wenn Sie die Bewegung dreimal ausgeführt haben, wiederholen Sie den Vorgang, aber diesmal in die entgegengesetzte Richtung. Beugen

Sie sich dann nach vorne und neigen Sie Ihren Körper nach rechts. Fahren Sie damit fort, bis Sie Ihren Oberkörper in einer Kreisform bewegt haben.

- Führe die Handflächen vor der Brust in der Hetep-Haltung zusammen, die einer Gebetshaltung nachempfunden ist. Atmen Sie tief ein und stellen Sie sich vor, dass Sie den Frieden einatmen. Atmen Sie nun tief aus. Stellen Sie sich vor, dass Sie alle Spannungen aus Ihrem Körper ausatmen. Wiederholen Sie den Vorgang dreimal und achten Sie darauf, dass Sie während des gesamten Vorgangs die Zwerchfellatmung beibehalten.
- Legen Sie nun Ihre Hände an die Seite und bereiten Sie sich auf einige Nackendehnungsbewegungen vor. Um mit der Dehnung des Nackens zu beginnen, senken Sie den Kopf nach vorne, so dass Sie spüren können, wie sich die Muskeln im Nacken dehnen. Schauen Sie nun nach oben, um den Kopf so zurückzulegen, dass der Halsbereich gedehnt wird. Neigen Sie dann den Kopf in Richtung des linken Ohrs, so dass die rechte Seite des Halses gedehnt wird. Neigen Sie danach den Kopf zum rechten Ohr, so dass die linke Seite des Halses gedehnt wird. Führen Sie dies viermal in jede Richtung durch, um sicherzustellen, dass Ihr Nacken auf der Vorderseite, der Rückseite, der linken und der rechten Seite ausreichend gedehnt wird.
- Kreisen Sie Ihren Kopf viermal nach links und dann viermal nach rechts.

## SHU

Shu schuf Himmel-Nuss und Erde-Geb und ist der Raum zwischen ihnen in Form von Luft oder Äther. In Verbindung mit Feuchtigkeit - Tefnut - wird Luft zu der lebenserhaltenden Energie, die als Sekhem bekannt ist.

Diese Yogastellung betont also den Atem und den Raum zwischen Erde und Himmel, so wie der Gott Shu die ursprüngliche Verbindung zwischen Geb und Nut getrennt hat.

Heben Sie aus dem entspannten Stand die Arme über den Kopf. Atmen Sie dabei tief ein und stellen Sie sich auf die Zehenspitzen. Atmen Sie nun aus und senken Sie die Fersen ab, so dass Sie nicht mehr auf den Zehenspitzen stehen, sondern wieder mit den Füßen flach auf dem Boden stehen. Senken Sie gleichzeitig die Arme wieder auf die Seiten. Sagen Sie während der Ausatmung den Namen von Shu, passend zu der Luft, die Sie ausatmen. Stellen Sie sich vor, dass Sie eins sind mit dem Universum und dass Sie der Schöpfer Ihrer Existenz sind.

## DIE REISE DES RA

Atem Ra - auch bekannt als Tem oder Atum - ist die untergehende Sonne. Dies ist der Moment, in dem Nut, der Gott des Himmels, den täglichen Verzehr von Ra vornimmt. Nach dem Verzehr muss Ra durch die Duat, die Unterwelt, reisen. Hier kämpft er mit den Wesenheiten der Unterwelt, bis er zu Ra Khepri, der aufgehenden Sonne, wird, wo Nut ihn im Osten zur Welt bringt.

Ra's tägliche Reise in die Unterwelt inspiriert eine Reihe von Haltungen, die zeigen, dass der Prozess der Schöpfung eine kontinuierliche Aktivität ist, die alle Aspekte unseres Lebens durchdringt. Es sind sechs Haltungen angegeben. Sie müssen nacheinander ausgeführt werden, um die gesamte Serie zu vervollständigen. Danach werden sie in umgekehrter Reihenfolge wiederholt, so dass insgesamt 12 Haltungen entstehen. Die Tatsache, dass die Serie aus 12 Haltungen besteht, steht symbolisch für die 12 Tore, die Ra auf seiner täglichen Reise durch das Duat (die Unterwelt, der Ort, den Ra zwischen Sonnenuntergang und Sonnenaufgang aufsucht) durchschreiten muss.

Es wird empfohlen, dass Sie während der Ausführung dieser Serie eine geistige Haltung einnehmen, die von Frieden, Selbstbedienung und Beständigkeit geprägt ist. Diese Eigenschaften spiegeln Ra wider, der sich jede Nacht durch die Unterwelt kämpft, um der Schöpfung täglich seine lebensspendende Kraft zu geben.

- Starten Sie die Serie im Stehen. Legen Sie die Hände

vor sich und drücken Sie die Handflächen zum Gebet zusammen, während Sie ausatmen.

- Heben Sie Ihre Arme vor sich und dann über Ihren Kopf, während Sie einatmen. Beugen Sie nun Ihren Oberkörper nach hinten und strecken Sie Ihre Hände in Richtung Ra - der Sonne - aus.

- Nun atmen Sie aus, während Sie sich nach vorne beugen und die Sonne mit Ihnen bringen, indem Sie sich nach vorne beugen und sie dem Sonnenuntergang entgegeneilen. Wenn Sie sich nach vorne beugen, halten Sie Ihren Rücken gerade und Ihre Arme auf beiden Seiten Ihres Halses nach vorne gestreckt.

- Beugen Sie sich weiter nach vorne, bis Sie umgekippt sind und Ihre Hände auf beiden Seiten Ihrer Knöchel liegen. Wenn Sie flexibel genug sind, legen Sie Ihre Hände flach auf den Boden auf beiden Seiten von sich, um zu symbolisieren, dass Ra tief in die Unterwelt geht.

- Strecken Sie beim Einatmen das rechte Bein hinter sich aus und senken Sie dabei Ihren Körper ab. Benutzen Sie Ihre Handflächen oder Fingerspitzen, um sich auf dem Boden zu halten, während Sie Ihren Oberkörper nach oben strecken und zum Himmel schauen.

- Neigen Sie nun den Kopf nach unten, so dass Ihr Gesicht zum Boden zeigt. Halten Sie den Atem an und strecken Sie das linke Bein aus, so dass es parallel zum rechten Bein steht. Halten Sie den Kopf zwischen den Armen, während die Fersen flach auf dem Boden aufliegen, was eine gute Dehnung des Ober- und Unterkörpers bewirkt. Ihr Körper bildet ein umgekehrtes V, die Nut-Pose. Dieser Punkt in der Reihe symbolisiert den Punkt, an dem die Göttin Nut die Sonne Ra verschlingt, bevor er in die Unterwelt Duat geht.

- Atmen Sie aus, während Sie sich mit den Knien voran auf den Boden senken. Beugen Sie den unteren Rücken, während Sie die Brust zum Boden senken. Legen Sie Ihre Hände mit den Handflächen nach unten auf beide Seiten Ihrer Brust, um Ihren Körper zu stützen. Wenn Sie sich wohl fühlen, können Sie zusätzlich zur Brust auch die Stirn auf den Boden senken. Dies bedeutet den Beginn der Reise in die Unterwelt.

- Bringen Sie beim Einatmen Ihre Taille und Ihr Becken auf den Boden. Gleichzeitig drücken Sie sich mit den Handflächen auf den Boden, während Sie den Rücken krümmen und die Ellbogen gebeugt und nah am Körper halten. Dies ist die Kobra-Pose. Während Sie die Kobra-Pose ausführen, sollten Sie sich auf den Punkt zwischen Ihren Augenbrauen, das dritte Auge, konzentrieren, das das sechste Energiezentrum ist. Zu diesem Zeitpunkt haben Sie die Hälfte der Reise von Ra hinter sich.

- Um die zweite Hälfte der Reise zu beginnen, heben Sie Ihre Körpermitte zurück in das umgekehrte V. Sobald Sie in dieser Nussstellung sind, atmen Sie aus und drücken Sie Ihre Fersen und die Stirn zum Boden.

- Bringen Sie als Nächstes Ihren rechten Fuß nach vorne, so dass er zwischen Ihren Händen liegt. Atmen Sie gleichzeitig ein und beugen Sie den Nacken zurück, so dass Ihr Gesicht zum Himmel schaut. Drücken Sie sich mit dem Becken zum Boden, damit Sie sich gut strecken können.

- Bringen Sie den linken Fuß nach vorne und verbinden Sie ihn mit dem rechten Fuß. Atmen Sie dabei aus, lassen Sie den Kopf hängen und beugen Sie den Körper vor. Ihre Arme und Ihr Nacken sollten fast parallel sein, und Ihre Handflächen müssen so flach auf dem Boden liegen, wie es Ihnen möglich ist.

- Stehen Sie auf und heben Sie die Hände über den Kopf, während Sie einatmen. Strecken Sie Ihre Hände über Ihren Kopf und nach hinten. In dieser Position erhebst du Ra symbolisch in den Himmel, wo er seine Position als aufgehende Sonne - Ra Khepri - einnimmt.

- Atmen Sie aus, während Sie Ihre Arme nach unten und in eine betende Haltung bringen. Lassen Sie die Arme auf die Seiten fallen. Sie haben einen Zyklus der Reise abgeschlossen.

Wiederholen Sie den gesamten Vorgang, wobei Sie sich auf das linke Bein statt auf das rechte Bein konzentrieren. Sie können den Vorgang etwa sechs bis acht Mal wiederholen. Die beste Zeit für diese Sequenz ist gleich morgens. Wenn Sie die gewünschte Anzahl von Wiederholungen geschafft haben, nehmen Sie die Mumienstellung ein.

## SCHULTERSTAND

Dies ist auch als Geb-Schulterstand bekannt. Geb ist die Erde. Wenn sich die Erde vom Himmel trennt, oder wenn sich Geb von Nut trennt, gibt es mehrere Übungen, die er ausführt. Der Schulterstand und die darauf folgende Pflugübung sind Übungen, die ineinander übergehen. Sie gehören zu den anderen Erdübungen, die Geb ausführt.

Beginnen Sie diese Übung, indem Sie sich auf den Rücken legen und die Arme an den Seiten halten. Heben Sie Ihre Beine gerade nach oben und halten Sie sie parallel zueinander. Stützen Sie Ihren Rücken in der Taille mit den Händen ab, so dass Ihre Schultern das Gewicht Ihres Körpers tragen.

Diese Pose ist gut für den ganzen Körper. Sie hilft dir jedoch vor allem, deinen Rücken, deine Wirbelsäule und deinen

Nacken zu stärken. Sie kommt auch den oberen Energiezentren des spirituellen Körpers zugute.

## PFLUG

Bringen Sie aus dem Schulterstand die Beine sanft über den Kopf, so dass die Zehen den Boden über dem Kopf berühren. Wenn Sie nicht flexibel genug sind, um mit den Zehen den Boden zu berühren, erzwingen Sie es nicht. Strecken Sie die Beine so weit aus, wie sie über den Kopf hinausgehen können. Mit der Zeit werden Sie mehr Beweglichkeit entwickeln.

Führen Sie die Arme seitlich vom Körper zurück und halten Sie diese Position fünf Sekunden lang. Entfalten Sie die Beine, bis Sie wieder flach auf dem Rücken liegen.

## RAD

Die Radstellung stärkt den Rücken, die Arme und die Beine.

Legen Sie sich auf den Rücken, die Knie sind gebeugt, die Fußsohlen liegen flach auf dem Boden und nahe am Gesäß. Heben Sie Ihre Arme über Ihren Kopf. Legen Sie die Hände über dem Kopf auf den Boden, wobei die Finger zu den Zehen zeigen und die Handflächen flach auf dem Boden liegen. Atmen Sie ein, während Sie Ihren Körper vom Boden abheben, indem Sie sich mit Händen und Füßen gegen den Boden stemmen. Halten Sie die Position so lange, wie Sie es können. Atmen Sie aus, während Sie Ihren Oberkörper langsam auf den Boden absenken. Während du auf dem Boden liegst, atme tief ein und aus und meditiere über Geb und Nut, die zu der Zeit vor der Trennung von Himmel und Erde zusammen waren.

## FISCH

Diese Pose wird am besten nach der Schulter- und der Pflughaltung eingenommen. Dies wird dazu beitragen, die Wirkung auf den Körper auszugleichen.

Um mit dieser Pose zu beginnen, legen Sie sich auf den Rücken und legen Sie die Arme seitlich in die Mumienpose. Legen Sie Ihre Hände mit den Handflächen nach oben neben Ihre Oberschenkel. Schieben Sie nun Ihre Hände knapp unter den Rand Ihrer Oberschenkel und heben Sie Ihren Oberkörper an, so dass Sie auf Ihren Ellbogen ruhen. Heben Sie den Oberkörper so an, dass er auf dem Kopf steht, die Brust herausragt und der Kopf nach hinten gestreckt ist und den Boden berührt.

In dieser Position, in der Ihr Kopf, Ihre Ellbogen und Ihr Gesäß den Boden berühren, während Ihr Brustkorb gestreckt ist, können sich Ihre Lungen voll ausdehnen. Atmen Sie daher aus dieser Position mit gestrecktem Brustkorb fünfmal tief in den Bauch ein. Atmen Sie langsam ein und aus und achten Sie dabei darauf, dass Ihr Unterkörper entspannt bleibt.

Die Fischhaltung erinnert uns an die beiden Fische, die das Boot von Ra begleiteten, als er während des Schöpfungsprozesses auf den Gewässern von Nun segelte. Während Sie atmen, denken Sie an Ihr höheres Selbst und wie es Sie auf Ihrer spirituellen Reise zur Erleuchtung führt.

Sobald Sie mit der Atemübung fertig sind, bringen Sie den Kopf nach vorne zur Brust und lassen sich auf die Ellbogen sinken, so dass Sie in die Mumienstellung zurückkehren. In der Mumienstellung atmen Sie tief in den Bauch und atmen aus.

## VORWÄRTSBEUGE

Setzen Sie sich in der Mumienstellung aufrecht hin, wobei die Füße vor Ihnen ausgestreckt sind. Achten Sie darauf, dass Sie so positioniert sind, dass Sie auf Ihrem Beckenknochen sitzen. Beugen Sie die Füße so, dass die Zehen nach hinten zum Oberkörper zeigen.

Führen Sie diese Übung dreimal durch: Heben Sie beim Einatmen die Arme über den Kopf und senken Sie sie beim Ausatmen. Jedes Mal, wenn Sie die Arme nach unten bringen, strecken Sie sich nach vorne und berühren Ihre Zehen, während Sie Ihren Rücken gerade halten. Während Sie sich vorbeugen, denken Sie an Nut, die sich über die Erde beugt und die Atmosphäre umschließt; Shu und Tefnut erzeugen die Lebenskraft in ihrem Körperbogen, während sie sich zur Erde (Geb) beugt.

Wenn Sie die drei Wiederholungen beendet haben, legen Sie

sich langsam auf den Rücken und nehmen die Mumienstellung ein.

Die Vorwärtsbeuge dehnt die gesamte Wirbelsäule und massiert innere Organe wie Nieren, Verdauungssystem und Leber.

## WIRBELSÄULENDREHUNG

Die Wirbelsäule ermöglicht ein harmonisches Funktionieren des Körpers, indem sie als Verbindung zwischen dem Gehirn und dem Rest des Körpers fungiert.

Beginnen Sie diese Übung im Sitzen, wobei Sie beide Beine vor sich ausstrecken. Beugen Sie das Knie des rechten Beins, während Sie den rechten Fuß anheben und ihn über und neben das linke Knie stellen. Legen Sie die linke Hand hinter sich auf den Boden, während Sie Ihren Körper drehen und über die linke Schulter zurückblicken. Legen Sie Ihre rechte Hand auf Ihr rechtes Knie. Gehen Sie mit der linken Hand auf dem Boden nach hinten. Dabei spüren Sie eine Dehnung auf der linken Seite Ihres Oberkörpers. Atmen Sie in dieser Position ein und aus, bevor Sie die Hand zum Körper zurückführen und den Körper mit gestreckten Beinen wieder nach vorne drehen. Drehen Sie nun Ihre Wirbelsäule in die andere Richtung, indem Sie den Fuß des linken Beins anheben und über das rechte Bein legen. Legen Sie Ihre linke Hand auf Ihr linkes Knie. Stützen Sie Ihren Körper ab, indem Sie die rechte Hand auf den Boden legen. Lehnen Sie Ihren Körper zurück, um die rechte Körperseite zu strecken, während Sie die rechte Hand nach hinten führen. Nachdem Sie langsam ein- und ausgeatmet haben, kehren Sie mit gestreckten Beinen in die Vorwärtsstellung zurück.

## SELKET

Selket ist die Skorpiongöttin. Der Skorpion hat die Macht zu schützen, indem er Schmerzen zufügt. In der Schöpfungsgeschichte schickte Ra sieben Skorpione, um die fliehende Aset zu schützen, während Set versuchte, sie zu töten.

Um die Skorpionhaltung auszuführen, legen Sie sich zunächst auf den Bauch, wobei die Stirn den Boden berührt. Strecken Sie die Arme mit gefalteten Händen vor sich aus. Atmen Sie ein, während Sie das linke Bein anheben, und atmen Sie aus, während Sie das linke Bein wieder absenken. Wiederholen Sie den Vorgang mit dem rechten Bein. Heben Sie nun beide Beine gemeinsam sanft an, indem Sie einatmen, wenn Sie die Beine anheben, und ausatmen, wenn Sie die Beine wieder absenken.

Sie können die Übung wiederholen, indem Sie die Arme unter dem Körper und nicht vor dem Körper ausbreiten.

Diese Übung ist gut für den unteren Rücken.

## SEBEK

Sebek ist ein Krokodilgott, der die Kraft der Natur repräsentiert. Sebek wird mit dem zweiten Energiezentrum in Verbindung gebracht. Krokodile galten im alten Ägypten als die mächtigsten Tiere. In der Schöpfungsgeschichte stand das Krokodil Asar zur Seite.

Legen Sie sich mit dem Gesicht nach unten auf den Boden und legen Sie die angewinkelten Arme mit den Handflächen nach unten neben den Kopf. Ziehen Sie Ihr linkes Knie zum linken Ellbogen hoch. Strecken Sie das linke Bein aus und ziehen Sie dann das rechte Knie zum rechten Ellbogen hoch, bevor Sie es wieder strecken. Wiederholen Sie diese Übung drei- bis fünfmal, abwechselnd mit beiden Beinen. Wenn Sie die Übung beendet haben, nehmen Sie wieder eine sitzende Position ein und bewegen Sie Ihre Schultern und Ihren Rücken, um eventuelle Verspannungen in diesen Bereichen zu lösen.

## ARAT

Arat Sekhem bedeutet "Macht der Schlange". Diese wird durch Uraeus, die Kobra, dargestellt. Die Kobra ist mit der Auferstehung von Asar in der Schöpfungsgeschichte verbunden. Wenn Sie diese Haltung einnehmen, denken sie daher an die Kraft der Auferstehung in Ihrem Körper. Achten Sie auch auf die Uraeus-Energie, die vom Steißbein zur Stirn aufsteigt, wenn Sie spirituelles Bewusstsein erlangen. In der ägyptischen Spiritualität ist dies die Bewegung der Energie von Asar entlang des Djed-Baums, der aus dem Sarg wächst, in dem er von seinem Bruder gefangen gehalten wurde. Im Yoga, das in Indien praktiziert wird, wird die aufsteigende Uräus-Energie als *Kundalini* bezeichnet.

Legen Sie sich auf den Bauch, die Hände liegen mit den Handflächen nach unten unter den Schultern, die Stirn berührt den Boden. Atmen Sie ein und heben Sie dabei den Brustkorb vom Boden ab, ohne sich mit den Händen vom Boden zu heben. Atmen Sie aus, während Sie Ihren Körper nach unten entspannen, so dass Ihre Stirn wieder den Boden berührt. Ruhen Sie sich einen Moment lang aus, bevor Sie den Vorgang wiederholen. Führen Sie diesen Vorgang dreimal durch, bevor Sie Ihren Körper mit den Händen so weit wie möglich nach oben drücken, und halten Sie diese Position so lange, wie es für Sie angenehm ist. Danach entspannen Sie Ihren Körper wieder auf den Boden.

Diese Übung stärkt den Thoraxbereich. Sie steht im Zusammenhang mit der Wirbelsäule und der Entwicklung der Energiezentren im Körper. Sie steht auch im Zusammenhang mit einer Erhöhung des Bewusstseins und der psycho-spirituellen Energieniveaus des Körpers.

## HOREMAKHET-DIE SPHINX

Die Sphinx ist mit den Göttern Set und Apuat verwandt und repräsentiert einen Menschen, der Erleuchtung erlangt hat, aber die Kontrolle über sein niederes spirituelles Selbst behält. Stellen Sie sich bei dieser Pose vor, dass Ihre Kraft so groß ist wie die eines Löwen und dass Sie Ihren Geist, Körper und Ihre Seele in Einklang bringen. Das ist die Kraft der Sphinx.

Gehen Sie in den Kniestand und stützen Sie sich auf die Fersen. Lehnen Sie sich nun nach vorne und stützen Sie Ihren Körper mit den Ellenbogen ab, indem Sie die Hände vor sich ausstrecken. Danach strecken Sie die Ellbogen aus, um den Oberkörper anzuheben. Sie sollten die stärkende Wirkung auf Ihren Rücken spüren. Lassen Sie sich wieder auf die Ellenbogen fallen und wiederholen Sie die Übung.

## HERU—HORUS

Heru hält das höhere und das niedere Selbst im Gleichgewicht und verteidigt Wahrheit, Gerechtigkeit und Ehre. Er besiegt Ungerechtigkeit, Tod und Unwissenheit. In der Schöpfungsgeschichte besiegte er den unerleuchteten Set - Ignoranz und Ungerechtigkeit. Er half auch bei der Wiederauferstehung seines Vaters, Asar.

Stellen Sie sich aufrecht hin und strecken Sie die Arme seitlich von Ihrem Körper aus. Sehen Sie sich in dieser Position als eine starke, unbewegliche Pyramide. Stellen Sie sich aus dieser Position der Stärke heraus vor, wie Sie Ihr Schicksal gestalten und Ihre Seele erlösen. Stellen Sie sich vor, dass Sie alle Qualitäten von Heru besitzen, wie zum Beispiel ein Gleichgewicht zwischen dem höheren und dem niederen Selbst, während Sie Ehre und Gerechtigkeit verteidigen.

## SERIE HENU

Dies ist eine Reihe von Posen, die Apnu, Heru und Set huldigen. Die Serie steht symbolisch für Freude und Lobpreis.

Gehen Sie im Stehen in die Knie, wobei das rechte Knie auf dem Boden liegt und das linke Knie zum Himmel gerichtet ist.

Strecken Sie Ihre nach oben gerichtete linke Hand von Ihrem Körper weg. Halten Sie gleichzeitig die rechte Hand mit der Faust dicht vor der Brust.

Machen Sie mit der linken Hand eine Faust und führen Sie sie zur Brust. Heben Sie dann die rechte Hand in den Himmel, wobei der Ellbogen im rechten Winkel zum Boden gebogen ist.

Kehren Sie in den Stand zurück und wiederholen Sie die Übung mit den abwechselnden Gliedmaßen.

## NUT

Nut ist der Himmel, der den Äther umschließt und bis zum Horizont der Erde reicht.

Um die Übung zu beginnen, stellen Sie sich mit über den Kopf gehobenen Armen hin. Atmen Sie ein. Atmen Sie nun aus und beugen Sie sich langsam nach unten, bis Sie Ihre Knöchel greifen können. Wenn Sie Ihre Knie beugen müssen, um Ihre Knöchel zu erreichen, tun Sie das. Legen Sie dann Ihre Hände auf den Boden und führen Sie sie nach vorne, so dass Sie mit Ihrem Körper eine umgekehrte V-Form bilden. Atmen Sie langsam ein und aus, bevor Sie die Hände wieder zu den Knöcheln führen und dann in den Stand zurückkehren, wobei Sie die Arme über dem Kopf halten.

Stellen Sie sich Nut in Form des Himmels vor, der sich über die Erde erstreckt, während Sie diese Übung durchführen.

## MA'AT

Ma'at ist die Göttin des Gleichgewichts, die die Seele jedes Einzelnen abwägt, um festzustellen, ob sie würdig genug ist, ins Jenseits zu gehen.

Stellen Sie sich mit den Füßen schulterbreit auseinander und strecken Sie die Arme zu beiden Seiten aus. Knien Sie sich so hin, dass das linke Knie den Boden berührt, während das rechte Knie nach oben zeigt und der rechte Fuß fest auf dem Boden steht. Drehen Sie Ihren Körper nach links. Drehen Sie Ihren Kopf nach rechts und drehen Sie Ihren Körper so, dass Ihr rechter Arm direkt über Ihrem rechten Knie liegt. Atmen Sie in dieser Position langsam ein und aus und denken Sie dabei an die Bereiche in Ihrem Leben, in denen Sie einen Sinn für Gleichgewicht zeigen.

Stehen Sie auf und wiederholen Sie die Übung für die

andere Seite des Körpers. Drehen Sie diesmal den Kopf nach links und knien Sie sich so hin, dass Ihr linkes Knie zum Himmel zeigt. Drehen Sie Ihren Körper so, dass der linke Arm über dem linken Knie liegt.

Überlegen Sie bei der Durchführung der Übung, wie Sie die Grundsätze von Ma'at in Ihrem Leben verkörpern werden. Diese Prinzipien sind Wahrheit, Rechtschaffenheit und Gerechtigkeit.

## ASET GEFLÜGELT - DIE SIEGESPOSE

Aset ist die Tochter von Nut und die Frau von Asar. Sie verkörpert spirituelle und intellektuelle Weisheit.

Stellen Sie sich mit den Füßen zusammen. Atmen Sie ein und strecken Sie die Arme nach beiden Seiten aus. Ausatmend lassen Sie sich auf das linke Knie fallen. Stellen Sie den rechten Fuß flach auf den Boden, so dass Ihr rechtes Knie gebeugt ist und nach oben zeigt. Senken Sie Ihren Körper aus der knienden Position so ab, dass Sie fast auf dem linken Fuß sitzen. Atmen Sie ein und aus, während Sie in dieser Position sind. Stehen Sie dann auf und wiederholen Sie die Übung mit dem linken Knie, das nach oben zeigt.

## ASET SITZEND - DIE THRON-POSE

Aset repräsentiert den physischen Körper, der die geistige Essenz Asar trägt. Auf diese Weise ist Aset der Thron, der dem Geistwesen eine physische Möglichkeit bietet, sich auf der Erde zu manifestieren.

Strecken Sie die Arme mit den Handflächen nach unten vor sich aus. Beugen Sie die Knie und senken Sie Ihren Körper, als ob Sie sich auf einen Thron setzen würden. Senken Sie Ihren Körper so weit, wie es für Sie angenehm ist.

Visualisieren Sie die Göttin Aset, die Sie in dieser Haltung unterstützt. Einatmen und ausatmen. Stehe auf und wiederhole die Übung.

## AUSET UMARMUNG

Hept, die Umarmung der Auset, ist eine Pose, die die Göttin Auset bei der Umarmung von Ausar und Heru darstellt. Dies geschah, nachdem sie Auset wieder zum Leben erweckt hatte und so in der Lage war, Heru zu empfangen. Wenn Sie diese Pose einnehmen, denken Sie daran, dass Sie alle Aspekte Ihres Lebens wiederbeleben, die Sie vielleicht für tot gehalten haben. Dazu gehören die psychologischen, physischen und spirituellen Aspekte deines Lebens. All Ihre Hoffnungen und Träume können durch die Gabe von Ausets Liebe zum Leben erweckt werden.

Nehmen Sie eine stehende Position ein, während Sie Ihre Arme vorwärts und rückwärts bewegen. Visualisieren Sie sich als Aset. Bringen Sie beide Arme nach vorne und verschränken Sie

sie vor Ihrer Brust in einer liebevollen Umarmung. Bleiben Sie in dieser Position stehen und atmen Sie dabei tief ein und aus.

## DJED

Die Djed-Säule symbolisiert die Wirbelsäule und die Lebensenergie, die sie verkörpert. Sie wird mit dem Gott Ptah in Verbindung gebracht. Er fällte den Djed-Baum, um seinen süßen Duft in seinem Palast zu genießen. Erst später fand er heraus, dass Asar in dem Baum gefangen war.

Verschränke die Arme vor der Brust und balle die Hände zu Fäusten. Stellen Sie sich vor, dass Sie in einer Säule eingeschlossen sind, so wie Asar es war. In dieser aufrechten Position stellen Sie sich vor, dass Sie eine Verbindung zwischen Himmel und Erde sind, vereint mit dem göttlichen Bewusstsein.

Das Djed steht für spirituelle Erleuchtung, Standhaftigkeit und den Duat, das Astralreich.

## KOPFSTAND

Knien Sie sich hin und beugen Sie sich vor. Falten Sie die Hände übereinander, so dass die Unterarme mit den Ellbogen eine V-Form bilden. Legen Sie den Kopf auf den Boden, so dass Ihre Hände den Kopf stützen. Strecken Sie die Beine durch, so dass sich Ihr Körper nach oben bewegt. Richten Sie Ihren Rücken auf und bringen Sie Ihre Beine nach oben, indem Sie sie in den Knien über Ihrem Körper beugen, während Sie das Gleichgewicht finden. Zum Schluss strecken Sie die Beine aus und stellen sich auf, wobei Ihr Körper vollständig von den Händen gestützt wird.

Wenn Sie Schwierigkeiten haben, den Kopfstand ohne Unterstützung auszuführen, machen Sie die Übung mit dem Gesicht zu einer Wand. So können Sie die Wand als Stütze nutzen, um Ihren Körper zu stabilisieren.

Eine Variation dieser Übung kann mit schulterbreit voneinander entfernten, gespreizten Fingern auf dem Boden ausgeführt werden. Legen Sie Ihren Kopf zwischen den Händen auf den Boden und stützen Sie sich mit den Händen ab.

Um aus dem Kopfstand herunterzukommen, beugen Sie die Knie und schwingen dann die Beine nach vorne, bis die Füße den Boden berühren.

## KHEPRI-SKARABÄUS-KÄFER

Ra Khepri ist die Morgensonne, die jeden Morgen neu auftaucht, nachdem sie am Ende des Vortages als Ra Tem in den Duat gegangen ist. Khepri ist auch der Skarabäus-Käfer. Der Skarabäus-Käfer erneuert seinen Körper jedes Jahr, indem er sich bei Hochwasser des Nils in den Schlamm eingräbt. Sobald sich das Wasser zurückzieht, taucht er mit einem neuen Körper wieder auf. Daher symbolisiert Khepri die Fähigkeit zur Erneuerung.

Um die Khepri-Pose einzunehmen, knien Sie sich in die Hocke und lehnen Sie sich zurück. Legen Sie die Hände vor sich auf den Boden, wobei die Handflächen nach unten zeigen. Lehnen Sie sich nach vorne, bis Ihre Stirn den Boden berührt. Halten Sie diese Haltung und denken Sie dabei an die Erneuerung, die der Skarabäuskäfer jedes Jahr erlebt. Betrachten Sie dies in Bezug auf Ihr körperliches, geistiges und seelisches Wohlbefinden.

Das kemetische Yoga nutzt Sekhem (Lebensenergie) in Form des Atems, um die universelle Energie in Ihnen zu bündeln. Die durch die verschiedenen Stellungen inspirierte Meditation hilft Ihnen, den Baum des Lebens zu erklimmen. Dies geschieht, wenn Sie über die Parallelen zwischen den Gottheiten, der Schöpfungsgeschichte und Ihrem eigenen Leben nachdenken. Nutzen Sie diese Haltungen täglich, um sich auf Ihrer spirituellen Reise zu unterstützen. Selbst wenn kemetisches Yoga die einzige Praxis ist, mit der Sie beginnen, werden Sie feststellen, dass Sie damit mehrere Aspekte der Anforderungen an den kemetischen Lebensstil erfüllen.

APEP

# NACHWORT

Am Ende des Buches wünsche ich Ihnen Liebe und Licht auf Ihrer spirituellen Reise. Sie wurden mit dem Wissen und der Einsicht ausgestattet, welche Schritte Sie für jede kommende Phase Ihres Weges unternehmen müssen. Während Sie Ihre Reise fortsetzen, bete ich, dass Sie einen Geist des Friedens, des Gleichgewichts und der Harmonie bewahren. Ich hoffe, dass dieses Buch ein ständiger Begleiter auf dieser Reise sein wird, da Sie es oft zu Rate ziehen, um die besten Schritte zu finden, die Sie in den verschiedenen Aspekten Ihres Lebens gehen können. Denken Sie daran, in allen Aspekten Ihres Lebens einen Sinn für Ma'at zu haben. Wenn Sie dabei erfolgreich sind, wissen Sie, dass es gut für Sie ausgehen wird. Wenn Sie Probleme mit dem Gleichgewichtssinn haben, suchen Sie nach kleinen Dingen im Leben, für die Sie dankbar sein können. Dankbarkeit ist der Schlüssel zur Harmonie, denn Sie erhalten mehr von dem, wofür Sie dankbar sind. Wenn Sie Ihre Freude an den kleinen Ereignissen zum Ausdruck bringen, werden Sie feststellen, dass es in

Ihrem Leben immer mehr Gründe gibt, dankbar zu sein. Nutzen Sie dieses Prinzip der Korrespondenz, um sicherzustellen, dass Sie ständig in Ma'at leben.

Wenn Sie Ihre Lebensaufgabe leben, denken Sie daran, dass Sie für viele Dinge Mut brauchen werden. Sie werden auf Widerstand stoßen und vielleicht sogar mit denen kämpfen müssen, die Ihren guten Absichten schaden wollen. Wenn Sie auf deiner Reise den Set-Personen begegnen, denken Sie daran, dass Sie Asar, Heru und Aset anrufen können, um Sie zu führen und zu inspirieren. Darüber hinaus können Sie auch andere geistige Führer in Form Ihrer Vorfahren oder sogar berühmte Persönlichkeiten, die Sie in der Vergangenheit bewundert haben, anrufen. Sie sind in Ihren täglichen Kämpfen nie wirklich allein. Erinnern Sie sich daran und bitten Sie entsprechend um Hilfe.

Was Ihnen sehr helfen wird, ist eine saubere Ernährung in Übereinstimmung mit den Anforderungen für einen wahren Eingeweihten. Eine saubere Ernährung macht Ihren Körper zu einem effektiven Gefäß für Ihren Geist. Das macht ihn zu einem wesentlichen Baustein auf Ihrem spirituellen Weg. Ein gesunder Körper, der keine überschüssigen Energieressourcen für die Verdauung von unzugänglicher Nahrung aufwendet, wird diese Energie für spirituellere Aktivitäten einsetzen. Der Aufbau Ihres geistigen und spirituellen Lebens wird Ihnen zugute kommen.

Ihre Gebete, Yoga und Meditation werden Sie weiter unterstützen. Sie werden Ihnen die nötige Konzentration geben, um Ihre Ziele in Übereinstimmung mit den universellen Gesetzen zu erreichen, die in den hermetischen Prinzipien zum Ausdruck kommen. Bewahren Sie ein reines Herz und blicken Sie immer auf die Güte des Lichts.

Eines der letzten Dinge, die ich mit Ihnen teilen möchte, ist das Wissen, dass ich für Sie dankbar bin. Ich bin dankbar für das Bedürfnis, das Sie hatten und das mir die Möglichkeit gab, dieses Buch zu schreiben, denn während ich es schrieb, wurde ich auch dazu inspiriert, mich auf eine Reise zu begeben. Eine Reise, die von mir verlangte, mehr zu wissen und tiefer zu graben, damit ich sinnvolle und praktische Informationen mit Ihnen teilen kann. Dazu musste ich die in diesem Buch erwähnten Konzepte erneut prüfen, erforschen, erleben und beweisen. Das Ergebnis ist, dass ich mir der universellen Prinzipien und der Magie von Kemet, die sich all die Jahre in verschiedenen Formen im Verborgenen gehalten hat, stärker bewusst geworden bin. Diese Formen haben sich durch die Entwicklung der Religion, durch Lektionen in Weisheit und durch die Natur selbst ausgedrückt. Wenn wir uns die Zeit nehmen, die Natur zu beobachten, erkennen wir, dass sie immer im Gleichgewicht ist und ihre Bedürfnisse ohne ständiges Streben befriedigt werden. Die Interaktion zwischen den verschiedenen Aspekten der Natur verläuft in einem bestimmten Rhythmus. Je mehr wir dies beobachten, desto mehr erkennen wir, dass jeder Aspekt der Natur einem Zweck dient. Wenn Sie sich auf Ntr ausrichten, mögen Sie auch in Ihrer Bestimmung leben und auf dem Weg dorthin gegenseitig vorteilhafte Interaktionen finden. Gehen Sie jetzt und erleuchten andere, während Sie gehen. Ich wünsche Ihnen alles Gute für Ihre Reise.

NUT AND GEB

# GLOSSAR

**Ab:** Herzchakra, das Energiezentrum, das das Herz regiert.

**Abrahamisch:** Biblisch. Mit Abraham als zentraler Vaterfigur.

**Akazie:** Ein flachkroniger Baum mit rauer Rinde und medizinischen Eigenschaften. Er ist in Afrika und Australien beheimatet.

**Altar:** Ein Ort, der als Treffpunkt zwischen einer oder mehreren Personen und dem Göttlichen dient. Ein Ort der Anbetung.

**Amen:** Ra, der Sonnengott.

**Amen-Ra:** Ra, der Gott der Sonne.

**Amun:** Ra, der Sonnengott.

**Amun-Raa:** Der Sonnengott, Ra.

**Vorfahren:** Frühere Generationen Ihres Stammbaums.

**Ankh:** Ein Kreuz mit einer Schlaufe oberhalb des horizontalen Balkens anstelle einer Fortsetzung des vertikalen Schafts. Auch als ägyptisches Kreuz bekannt, steht es für das Leben.

**Anpu:** Anubis, der Beschützer der Gräber.

**Anubis:** Schakalköpfiger Gott der Bestattungen und Beschützer der Gräber.

**Apep:** Apophis, die Schlange, die versucht, Ra zu verschlingen, während er die Unterwelt durchquert.

**Apollo:** Der Name, den die Griechen Heru-Ur oder Horus gaben.

**Apophis:** Eine böse Schlange, gegen die Ra jede Nacht auf seiner Reise durch die Unterwelt kämpfen muss.

**Arat Sekhem:** Die Macht der Schlange.

**Asar:** Ausar, auch bekannt als Osiris.

**Aset:** Auset. Sie erweckte ihren Mann wieder zum Leben, nachdem er in einer Säule stecken geblieben war. Später holte sie seinen zerstückelten Körper für ein würdiges Begräbnis ab.

**Astrologie:** Das Studium des Zusammenhangs zwischen den Sternen und den Lebensereignissen einer Person. Dies geschieht insbesondere in Bezug auf die Himmelsausrichtung zum Zeitpunkt der Geburt einer Person, wobei diese Ausrichtungen ein Leben lang verfolgt werden.

**Atef:** Eine Krone, die aus gelockten Straußenfedern besteht, die auf beiden Seiten der weißen Hedjet-Krone angebracht sind.

**Atum:** Ra-Atum, die untergehende Sonne.

**Atum-Ra:** Ra-Atum, die untergehende Sonne.

**Aura:** Das energetische Feld eines Menschen. Es umgibt den Körper als eine Schicht aus Licht. Die Farbe des Energiefeldes spiegelt den momentanen Gefühlszustand wider.

**Ausar:** Der Gott der Vegetation. Er repräsentiert die ewige Seele. Sein Bruder Set zerschnitt ihn in 14 Teile, um die Herrschaft über das Königreich zu übernehmen. Seine Frau Auset setzte diese Teile wieder zusammen und schuf einen goldenen

Phallus, um seinen fehlenden Penis zu ersetzen. Obwohl er bereits in geistiger Form war, ermöglichte ihm sein wieder zusammengesetzter Körper den Eintritt ins Jenseits. Von hier aus kehrte er in Geistergestalt zurück, um seinen Sohn Horus zu zeugen.

**Auset:** Die Göttin der Weisheit und Intuition. Die Frau von Asar, die seine verlorenen Teile wieder zusammensetzte. Asar kam in Geistergestalt zu ihr und schwängerte sie.

**Ba:** Kronenchakra, das Energiezentrum am oberen Ende des Kopfes.

**Pavian:** Paviane sind die größten Affen der Welt. Ihre herausragenden Merkmale sind ihr unbehaarter Po, ihre lange unbehaarte Schnauze und ihr behaarter Kopf. Sie sind in Afrika beheimatet und leben in Gruppen, die zwischen 10 und 300 Tieren groß sein können.

**Bastet:** Die katzenförmige Göttin ist die Beschützerin der Haushalte und wehrt böse Geister und Krankheiten ab.

**Benben-Stein:** Der pyramidenförmige Teil des Obelisken stellt den Stein dar, der während des Schöpfungsprozesses als erster aus dem Wasser von Nun aufstieg.

**Buddhismus:** Eine Religion, die ihren Ursprung in Nordindien hat und deren Ziel es ist, die Erleuchtung in sich selbst zu suchen. Sie glauben, dass spirituelle Entwicklung das Ergebnis eines ethischen Lebensstils ist.

**Byblos:** Eine Stadt im heutigen Libanon.

**Kanopengefäße:** Vier Gefäße, die den Magen, die Eingeweide, die Leber und die Lungen enthielten und neben der Mumie in der Grabkammer beigesetzt wurden. Auf den Deckeln dieser Gefäße befanden sich Nachbildungen der Götter Hapi, Imsety, Duamutef und Qebehsenuef, entsprechend den Körperorganen, für die jeder dieser Götter zuständig war. Diese Götter wurden gemeinsam als die Kinder des Heru bezeichnet.

**Kausalität, Prinzip der Kausalität:** Dies bezieht sich auf das Gesetz von Ursache und Wirkung. Es besagt, dass jede Wirkung eine Ursache hat und jede Ursache eine Wirkung hat.

**Keltische Religion:** Eine Religion, die ihren Ursprung in Wales hat und die Götter der Natur an Orten wie Flüssen und Seen verehrt.

**Chakra:** Die Energiezentren des Körpers. Sie befinden sich entlang der Wirbelsäule und werden als ein sich drehendes Rad aus Licht beschrieben. Jedes Energiezentrum ist durch eine andere Farbe gekennzeichnet.

**Christentum:** Eine abrahamitische Religion mit Jesus Christus als Hauptfigur.

**Korrespondenz, Prinzip der:** Wie oben, so unten. Wie innen, so außen. Die Idee, dass individuelle Erfahrungen universelle Erfahrungen widerspiegeln. Dieses Konzept ist die Grundlage für den Einsatz der Astrologie, um Einblicke in den Lebensweg und das Lebensziel des Einzelnen zu gewinnen.

**Kronenchakra:** Das siebte Chakra. Es befindet sich am oberen Ende des Kopfes.

**Dekane:** Zwölf gleiche Einteilungen des Jahres im kemetischen Kalender.

**Dendera:** Eine westlich des Nils gelegene Stadt, in der der Dedera-Zodiakus gefunden wurde.

**Djed:** Der Djed ist eine Säule aus dem Baum, der aus dem Sarg von Ausar wuchs, als dieser an Land gespült wurde. Ausar lag in dem Sarg, nachdem sein Bruder Set ihn mit einem Trick dazu gebracht hatte, in den Sarg zu steigen, bevor er den Sarg in einen Fluss warf. Der Djed steht für Ausars Rückgrat.

**Djehuti:** Der Gott des Mondes, der Weisheit, des Intellekts, der Magie und des geschriebenen Wortes. Er schrieb die Smaragdtafeln von Thoth.

**Djehuti:** Thoth, der Gott der Schrift und der Intelligenz.

**Duamutef:** Der Gott, der den Magen nach dem Tod bewacht.

**Duat:** Die Unterwelt. Der Ort, den Ra zwischen Sonnenuntergang und Sonnenaufgang aufsucht.

**Auge des Ra:** Das Team der Göttinnen, das ausgesandt wurde, um das Gesetz des Ra auf der Erde umzusetzen. Das Team setzt sich aus Mut, Het-Heru, Bastet, Tefnut und Nekhbet zusammen.

**Falke:** Ein schneller und scharfsichtiger Raubvogel, der in der Lage ist, andere Vögel zu jagen, indem er sie von oben anspringt.

**Flexitarier:** Eine überwiegend vegetarische Ernährung mit mäßigem Fleischkonsum.

**Geb:** Der Gott der Erde. Zwillingsbruder der Nuss-Göttin des Himmels.

**Geschlecht:** Alles hat seine männlichen und weiblichen Aspekte.

**Hapi:** Der Gott, der die Lunge nach dem Tod bewacht.

**Hathor:** Die Göttin des Himmels. Sie ist für Partys und Feste zuständig. Sie ermutigt zu Dankbarkeit und Spaß als Mittel zum Leben.

**Herz-Chakra:** Das vierte Chakra. Es befindet sich in der Brust.

**Hedjet:** Die weiße, kegelförmige Krone von Oberägypten.

**Heka:** Der Gott der Magie.

**Henu:** Eine Haltung des Lobpreises und der Anbetung.

**Hermes Trismegistus:** Hermes in dreifacher Vergrößerung. Ein anderer Name für Thoth.

**Hermetisch:** Von Hermes Trismegistus.

**Hermetische Prinzipien:** Universelle Gesetze, geschrieben von Hermes.

**Heru:** Heru wurde durch eine göttliche Vereinigung zwischen Auset und dem Geist von Ausar gezeugt. Er regiert das Herz.

**Heru-Ur:** Horus der Ältere. Der erwachsene Zustand von Heru, als er in der Lage war, mit seinem Onkel Set zu kämpfen und dabei sein linkes Auge verlor. Dieses linke Auge wurde, nachdem es von Thoth wiederhergestellt worden war, zum Wedjat, dem Auge des Horus. Das Auge des Horus ist auch als das alles sehende Auge bekannt.

**Het-Heru:** Hathor, die schöne Göttin der Feste.

**Hinduismus:** Eine Religion aus Indien, die den als Veden bekannten Schriften folgt.

**Horemakhet:** Die Sphinx, ein Mann mit einem Löwenkörper. Sie stellt Horus am Horizont dar. Sie ist ein Symbol für die Morgensonne.

**Horus:** Heru, der Sohn von Ausar und Auset, der gezeugt wurde, als Ausarr in Geisterform war.

**Ibis:** Ein langbeiniger, langschnäbliger Vogel, der warmes Wetter und Sumpfgebiete bevorzugt.

**Imsety:** Der Gott, der die Leber nach dem Tod bewacht.

**Eingeweihte:** Diejenigen, die sich auf dem spirituellen Weg und möglicherweise auf dem Weg zum Priestertum befinden.

**Isis:** Auset, die Frau von Ausar, die ihn wieder zum Leben erweckte, nachdem er in einem Sarg gefangen war und der Sarg in einen Fluss geworfen wurde.

**Islam:** Eine abrahamitische Religion, die auf den Lehren des Propheten Muhammad basiert, die im Koran niedergeschrieben sind.

**Iusaaset:** Großmutter der Götter und Göttinnen.

**Iusas:** Iusaaset, die Großmutter der göttlichen Wesen.

**Kabbala:** Die Lehren der jüdischen Mystik.

**Kemet:** Das schwarze Land, das alte Ägypten.

**Kemetisch:** Aus Kemet.

**Khab:** Wurzelchakra, das Energiezentrum, das sich an der Basis der Wirbelsäule befindet.

**Khaibit:** Sakralchakra. Befindet sich unterhalb des Bauchnabels.

**Khepri:** Der Skarabäus-Käfer. Er gräbt sich jedes Jahr vor den jährlichen Überschwemmungen in den Schlamm des Nils ein und kommt wieder heraus, wenn das Wasser zurückgegangen ist.

Die aufgehende Sonne ist auch Khepri oder Ra Khepri, der, nachdem er jede Nacht in die Unterwelt gegangen ist, als Morgensonne wieder auftaucht.

**Khu:** Drittes Augenchakra, das sich zwischen den Augenbrauen und den Augen befindet.

**Lotus:** Eine schöne Blume, die auf stillem Wasser wächst. Bezieht sich auch auf eine Yoga-Pose im Schneidersitz.

**Ma'at:** Die Göttin des Gleichgewichts und der Harmonie, die für die Ordnung in der Welt sorgt. Sie wiegt auch die Seelen der Verstorbenen mit einer Feder, um ihre Eignung für das Jenseits zu bestimmen.

**Meditation:** Beruhigung des Geistes und der Emotionen

durch die Konzentration auf einen äußeren Punkt oder auf innere Aspekte des Selbst wie den Atem.

**Mentalismus, Prinzip des Mentalismus:** Dieses Prinzip besagt, dass das Universum aufgrund des höchsten Bewusstseins, das alles von der Bewegung der Planeten bis zum Verhalten der Atome kontrolliert, mental ist.

**Metu Neter:** Die Schriften der Götter, Hieroglyphen.

**Mut:** Ein Teil des Auges des Ra, Mut war die Frau von Amun-Ra und eine Muttergöttin. Sie wurde manchmal als Geier abgebildet.

**Nbth Hotep:** Nebethetepet, eine Göttin, die zusammen mit Ra die Welt erschaffen hat.

**Nebethetepet:** Die göttliche weibliche Mitschöpferin neben Ra.

**Nebthet:** Nephthys, die Schwester von Auset, die sich als ihre Schwester verkleidete und von Ausar geschwängert wurde.

**Nefertem:** Horus als das göttliche Kind der Schöpfung. Horus wurde vom Geist gezeugt und man glaubt, dass er während des Schöpfungsprozesses existierte und an diesem teilnahm.

**Nehmetawy:** Nebethetepet. Sie half Ra bei der Erschaffung der Welt.

**Nephthys:** Schwester von Auset und Göttin der Luft.

**Neter:** Die göttliche Kraft der Natur, dargestellt durch Götter und Göttinnen, die die Elemente beherrschen.

**Der Nil:** Der Nil ist der größte Fluss in Ägypten. In Kemet konzentrierte sich die Landwirtschaft auf diesen Fluss und war auf seine jährlichen Überschwemmungen angewiesen, um Samen in fruchtbaren Boden zu pflanzen und eine reiche Ernte zu erzielen.

**Ntr:** Neter. Die Götter und Göttinnen der Natur.

**Nonne:** Das ursprüngliche Wasser, das die Erde vor der Erschaffung des Landes und aller Lebewesen bedeckte.

**Nut:** Die Göttin des Nachthimmels und Zwillingsschwester von Geb, dem Gott der Erde. Sie wird über die Erde gestreckt dargestellt, wobei die Sterne auf ihren Körper gemalt sind.

**Obelisk:** Eine monolithische Säule mit einer Pyramide an der Spitze. Er stellt die Schöpfung und den Baum des Lebens dar. Obelisken leiten Energie aus der Atmosphäre durch ihre pyramidenförmige Spitze und leiten sie aus ihrer Basis ab. In Kemet wurden Obelisken oft aus rotem Granit gefertigt und an beiden Seiten der Tempel aufgestellt. Die Höhe der Obelisken variiert zwischen 10 Fuß und 100 Fuß.

**Osiris:** Ausar, der grüne Gott der Vegetation und Ehemann von Auset, auch bekannt als Isis.

**Paläolithisch:** Aus der Steinzeit.

**Pescatarier:** Eine Ernährungsweise, bei der Fisch verzehrt wird, rotes Fleisch und Geflügel jedoch nicht konsumiert werden.

**Pet:** Die Astralebene, auf der sich Phantasie, Träume, Ideen, Gedanken und Gefühle befinden.

**Pharao:** Die Bezeichnung für den Herrscher des alten Ägypten. Das Äquivalent zu einem König.

**Polarität, Prinzip der Polarität:** Alles hat sein Gegenteil. Gegensätze sind in der Natur identisch, unterscheiden sich aber in extremen Maßen.

**Ptah:** Der göttliche Schmied und der Schöpfer von Ra.

**Pyramide:** Diese Struktur hat eine quadratische Grundfläche. Jede Seite ist dreieckig geformt und läuft oben in einem einzigen zentralen Punkt zusammen. Pyramiden sind kraftvolle Formen, die kosmische Energie anziehen und bündeln.

**Qebehsenuef:** Der Gott, der die Eingeweide nach dem Tod bewacht.

**Quantenphysik:** Die Untersuchung der kleinsten Bestandteile der physikalischen Materie.

**Ra:** Der Gott der Sonne, der Schöpfer der Erde und ihrer Bewohner. Er wandert täglich von Sonnenaufgang bis Sonnenuntergang über den Himmel.

**Ra-Atum:** Die untergehende Sonne.

**Ra-Khepri:** Die aufgehende Sonne.

**Re:** Ra, der Sonnengott.

**Reiki:** Eine aus Japan stammende energetische Heiltechnik, bei der die Hände benutzt werden, um den Patienten Heilenergie zukommen zu lassen.

**Rhythmus, Prinzip der:** Alles steigt und fällt; das Pendel schwingt in beide Richtungen und ist im Gleichgewicht.

**Wurzelchakra:** Das erste Chakra, das sich an der Basis der Wirbelsäule befindet.

**Sakralchakra:** Das zweite Chakra. Es befindet sich unterhalb des Bauchnabels.

**Saosis:** Iusaaset, Großmutter der Götter und Göttinnen, die Ra bei der Erschaffung der Welt assistierte.

**Satet:** Set, Onkel von Horus und Bruder von Ausar.

**Satis:** Die Göttin der jährlichen Überschwemmung des Nils.

**Zepter:** Ein Zierstab mit einer kugelförmigen Spitze.

**Sebek:** Der Krokodilgott.

**Selket:** Die Skorpiongöttin.

**Sekhem:** Lebensenergie, die bei der Energieheilung mit

Hilfe von kristallisierten Stäben verwendet wird, um ihre Kraft auf die betroffenen Bereiche zu lenken.

**Sekhmet:** Eine löwenköpfige Kriegergöttin, die als Vergeltung für gottlose Lebensweise die Pest über die Menschheit bringt. Sie ist auch eine Heilergöttin, die von den Priestern und Priesterinnen der Heilungstempel verehrt wurde.

**Set:** Gott des Chaos und der Verwirrung, der der Bruder von Asar war. Er tötete seinen Bruder für den Thron.

**Seth:** Set, Bruder von Osiris oder Ausar, der versuchte, um der Herrschaft willen zu töten.

**Sistrum:** Ein Musikinstrument, das auf die gleiche Weise wie ein Tamburin gespielt wird (durch Schütteln, um die angebrachten Scheiben zum Klingen zu bringen). Es hat die Form eines umgedrehten U, wobei die Stäbe für die Schellen waagerecht zwischen seinen beiden Seiten liegen.

**Schti:** Die Mumienpose, in Anlehnung an die Mumienbestattungspose. Wenn Pharaonen begraben wurden, wurden ihre Körper durch die Verwendung von Gewürzen, Flüssigkeiten und Gewürzen konserviert. Danach wurden sie in Stoff eingewickelt. Der mit Stoff bedeckte Leichnam wird als Mumie bezeichnet.

**Shu:** Der Gott der Luft.

**Solarplexus-Chakra:** Das dritte Chakra, das sich oberhalb des Bauchnabels befindet.

**Geistführer:** Geister der Toten oder von Göttern und Göttinnen, die den Lebenden Orientierung geben.

**Ta:** Die materielle Ebene der Existenz.

**Ta-Bitjet:** Eine Schutzgöttin, die als Skorpion mit dem Kopf einer Frau dargestellt wird.

**Klopfen:** Eine Methode zum Stressabbau, bei der

Akupressur an bestimmten Meridianpunkten des Körpers mit positiver verbaler Verstärkung kombiniert wird.

**Tefenet:** Tefnut, Göttin der Feuchtigkeit und des Niederschlags.

**Tefnut:** Die Göttin der (atmosphärischen) Feuchtigkeit.

**Tem Ra:** Ra-Atum, die untergehende Sonne.

**Die Assyrer:** Eine antike Zivilisation, die in der Region des heutigen Irak, der Türkei, Kuwait und Syrien beheimatet war.

**Die Smaragdtafeln von Thoth:** Mythische, unzerstörbare grüne Tafeln mit dem Wissen aus der versunkenen Welt von Atlantis, verfasst von Thoth dem Atlanter.

**Die Maya:** Eine alte Zivilisation, die in dem Gebiet lebte, das heute von Südmexiko, Guatemala und Nordbelize bedeckt ist.

**Die amerikanischen Ureinwohner:** Die Bewohner Nordamerikas vor dem fünfzehnten Jahrhundert.

**Sahu:** Solarplexus-Chakra, befindet sich über dem Bauchnabel.

**Shekem:** Kehlchakra, befindet sich in der Kehle und wird durch die Farbe Blau gekennzeichnet.

**Smai Tawi:** Kemetischer Yoga, basierend auf Hieroglyphen.

**Theologie:** Das Studium der Religion.

**Theurgie:** Konsequente Handlungen mit dem Ziel, Göttlichkeit zu erlangen, indem man die Persönlichkeitsmerkmale göttlicher Wesen annimmt.

**Drittes Augenchakra:** Das sechste Chakra, das sich zwischen den Augen und den Augenbrauen befindet.

**Thoth:** Djehuti.

**Kehlchakra:** Das fünfte Chakra. Es befindet sich in der Kehle, der Nase und der Schilddrüse.

**Uraeus:** Die ägyptische Kobra. Ein Symbol der göttlichen Autorität, das oft auf den Kronen der Pharaonen abgebildet ist.

**Veganer:** Eine pflanzliche Ernährung, die keine tierischen Produkte wie Butter, Eier und Milch enthält.

**Vegetarisch:** Eine pflanzenbasierte Ernährung.

**Vibration, Prinzip der Vibration:** Alles schwingt. Nichts ist in Ruhe.

**Yoga:** Eine Methode, bei der der Körper gedehnt wird, um die Körperchakren auszurichten und gleichzeitig verschiedene Muskeln zu stärken. In Kombination mit Meditation ermöglicht es die Ausrichtung auf das Göttliche.

# VERWEISE


AboutBalance (n.d.). Sekhem Energy Healing at About Balance. About Balance. https://www.aboutbalancebrighton.com/sekhem/

Afrikaiswoke (2021). Ancient Kemet's Dendera Zodiac - The world's first zodiac. Afrikaiswoke. https://www.afrikaiswoke.com/ancient-kemets-dendera-zodiac-the-worlds-first-zodiac/

Afrikan History (2022). The Tree Of Life In Ancient Egypt's Metu Neter Explained.AfrikaIsWoke. https://www.afrikaiswoke.com/the-tree-of-life-in-ancient-egypts-metu-neter-explained/

Ahmed, T. (2022). God Serket | Facts Ancient Egyptian Gods and Goddesses | God of fertility, nature, animals, medicine, magic. Hurghada Lovers. https://hurghadalovers.com/god-serket-ancient-egyptian-gods/

Anahana(2022).Chakra Colors. Anahana. https://www.anahana.-com/en/yoga/chakra-colors

Ancient Egypt Wiki (n.d.). Osiris. Ancient Egypt Wiki. https://ancientegypt.-fandom.com/wiki/Osiris

Ancient Egyptian Astrology: Find Your Zodiac Sign (2020). Ancient Egyptian Astrology: Find Your Zodiac Sign. Medium. https://medium.com/la-biblioth%C3%A8que/ancient-egyptian-astrology-find-your-zodiac-sign-c29c705d96ac

AncientEgypt. (n.d.). The 42 Laws And Ideals Of Ma'at. Egypt Connection. https://www.egyptconnection.com/42-laws-of-maat/

Appling, A. (n.d.). Ancient Egyptian Religion. Pinterest. https://pinterest.-com/pin/socalled-martial-arts-never-originated-from-china-or-india-like-others-have-claimed-it-originated-in-africa-and-the-pro--442056519644347127/

Ashby, M. (2002). Kemetic Diet - Ancient African Wisdom For Health of Mind, Body and Spirit. Sema Institute.

Ashby, M. (2008). The Kemetic Tree of Life Ancient Egyptian Metaphysics and Cosmology for Higher Consciousness. Cruzian Mystic Books.

Ashby. A., Ashby, M. (1997). Egyptian Yoga Movements of the Gods and Goddesses. Cruzian Mystic Books.

Atkinson, W.W. (1908). The Kybalion: A Study of the Hermetic Philosophy of Ancient Egypt and Greece. Yogi Publication Society.

Basubu. (n.d.). 3-Day Egyptian Healing and Meditation Retreat in the Welsh Countryside. Basubu. https://basubu.com/3-day-egyptian-healing-and-meditation-retreat-in-the-welsh-countryside

Below The Stars. (n.d.). Egyptian Astrology: Egyptian Astrology Signs and Their Meanings. Below The Stars. https://belowthestars.com/egyptian-astrology/

Benninghoven, D. (2022). 4 Potential Ways to Increase the pH Level in Your Body. Livestrong. https://www.livestrong.com/article/225555-safest-way-to-raise-body-ph/

Bernard D., Beitman M.D. (2017). I Ching: Intentional Meaningful Coincidences. Psychology Today. https://www.psychologytoday.-com/za/blog/connecting-coincidence/201706/i-ching-intentional-meaningful-coincidences?amp

Blanchard, T. (2021). 11 Things That The Tree of Life Represents. Outofstress. https://www.outofstress.com/what-tree-of-life-represents/

Bondy, D. (2020). The Black History of Yoga: A Short Exploration of Kemetic Yoga. Yoga International. https://yogainternational.com/article/view/the-black-history-of-yoga

Bradley, L. (2019). What Is Epigenetics: Your Mind's Influence Over Your Health. SunWarrior. https://sunwarrior.com/blogs/health-hub/epigenetics

Braga, B. (2021). The African Roots Of Kemetic Yoga And How It's Being Adopted ByThe Diaspora. Travel Noire. https://travelnoire.com/african-root-kemetic-yoga

Braverman, J. (2022). 5 Ways to Remove Acidity From Your Body Naturally. Livestrong. https://www.livestrong.com/article/34910-rid-much-acid-body-naturally/

Brier, B. (2019). Ancient Egyptian Creation Myths: Of Water and Gods. Wondrium Daily. https://www.wondriumdaily.com/ancient-egyptian-creation-myths-of-water-and-gods/

Brier, B. (2020). The Three Gods of Medicine in Ancient Egypt. Wondrium Daily. https://www.wondriumdaily.com/the-three-gods-of-medicine-in-ancient-egypt/

Burgess, L. (2019). What is a paleo diet? Medical News Today. https://www.-medicalnewstoday.com/articles/324405#what-is-a-paleo-diet

Canadian Museum Of History. (n.d.). Shu and Tefnut. Canadian Museum Of History.
https://www.historymuseum.ca/cmc/exhibitions/civil/egypt/egcrgs4e.html

Chopra, D. (2004). Synchrodestiny: Harnessing the Infinite Power of Coincidence to Create Miraacles. Rider & Co.

Cleopatra Egypt Tours. (2021). Hathor, the Egyptian goddess. Cleopatra Egypt Tours. https://www.cleopatraegypttours.com/travel-guide/hathor-the-egyptian-goddess/

Cleveland Clinic. (2021). How Box Breathing Can Help You Destress - This deep-breathing technique is simple but powerful. Cleveland Clinic. https://health.clevelandclinic.org/box-breathing-benefits/

Colors Explained. (n.d.). Chakra Colors: Guide to 7 Chakras & Their Meanings. Colors Explained. https://www.colorsexplained.com/chakra-colors-and-meanings/

Deif, A. (2008). The Sirius lore. Research Gate. https://www.researchgate.-net/publication/267447624_The_Sirius_lore

Deprez, G. (2021). Goddess Isis: Fascinating Facts About The Mother Of All Gods. The Collector. https://www.thecollector.com/ancient-egyptian-goddess-isis/

Discovery World History. (n.d.). Egyptian Healing Rods. Discovery World History. https://discoverywo.blogspot.com/2013/07/egyptian-healing-rods.html?m=1

Dispenza, J. (2021). Plasma, Matter, and the Projection of Reality: Part II. Unlimited. https://drjoedispenza.com/blogs/dr-joes-blog/plasma-matter-and-the-projection-of-reality-part-ii

Education for Life Academy. (2009). World History Timeline. Education For Life Academy. https://educationforlifeacademy.com/world-history-timeline

Egyptian Healing Rods. (n.d.). Science Of Pyramids. Egyptian Healing Rods. https://www.egyptianhealingrods.com/pyramid-research/

Egyptian Healing Rods. (n.d.). Welcome to - Egyptian Healing Rods. Egyptian Healing Rods. https://www.egyptianhealingrods.com/

Egyptian Healing Rods. (n.d.). Russian Research. Egyptian Healing Rods. https://egyptianhealingrods.me/index_files/EgyptianHealingRodsRussianRe-search.htm

Energy Action. (n.d.). Egyptian Healing Rods – Amplify Your Longevity, Vitality and Intuition. Energy Action. https://energy4action.com/rods-and-pyramids/

Estrada, J. (2021). Each of the 7 Chakras Is Associated With a Color—Here's What Each One Means. Well and Good. https://www.wellandgoo-d.com/chakra-colors-and-meanings/

Fiercely Bright One. (n.d.). Aset FAQ: Frequently Asked Questions about Aset. Fiercely Bright One. https://fiercelybrightone.com/rites/faq-of-aset/

Forti, K. J. (2017). Atlantean Physics Behind Ancient Egyptian Magical Rods. Trifinity 8. https://trinfinity8.com/magic-physics-behind-ancient-egyptian-rods-of-ptah/

Gugliotta, G. (2008). The Great Human Migration - Why humans left their African homeland 80,000 years ago to colonize the world. Smithsonian Magazine. https://www.smithsonianmag.com/history/the-great-human-migration-13561/

Gunnars, K. (2021). 10 Evidence-Based Health Benefits of Intermittent Fasting. Health Line. https://www.healthline.com/nutrition/10-health-benefits-of-intermittent-fasting

Hansen, N.B. (2022). Food in Ancient Egypt: What Did the Egyptians Eat? The Collector. https://www.thecollector.com/food-ancient-egypt/

Hellenic Faith. (n.d.) Theourgia. Hellenic Faith. https://hellenicfaith.com/ritual/

Hill, J. (2016). Shu. Ancient Egypt Online. https://ancientegyptonline.co.uk/shu/

Hill, J. (2009). Kyphi. Ancient Egypt Online https://ancientegyptonline.co.uk/kyphi/

Holland, K. (2022). What Is an Aura? And 15 Other Questions, Answered. Health Line. https://www.healthline.com/health/what-is-an-aura#takeaway

Holmes, K. (2006). Sekhem - A Form of Ancient Egyptian Healing. Positive Health Online. https://www.positivehealth.com/article/reiki/sekhem-a-form-of-ancient-egyptian-healing

IkariusSpirits Healing. (2022). Egyptian Tuning Calibration Healing Rods of Maat - Copper & Zinc - Netu Rods for spiritual calibration and orientation. LinkedIn. https://www.linkedin.com/pulse/egyptian-tuning-calibration-healing-rods-maat-

isidora. (2013). Isis & the Magic of Myrrh. Isiopolis. https://isiopolis.-com/2013/07/20/isis-the-magic-of-myrrh/

Isidora. (2022). Of Scorpions, Horus & Isis. Isiopolis. https://isiopolis.-com/2022/01/16/of-scorpions-horus-isis/

Jarus, O. (2022). Ancient Egypt: History, dynasties, religion and writing. Live Science. https://www.livescience.com/55578-egyptian-civilization.html

Jayne Leonard, J. (2020). Seven Ways to do Intermittent Fasting. Medical News Today. https://www.medicalnewstoday.com/articles/322293#seven-ways-to-do-intermittent-fasting

Journey To Egypt. (n.d.). Eye of Horus, Eye of Ra. Journey To Egypt. https://www.journeytoegypt.com/en/blog/eye-of-horus

Kalkhurst, J. (2018) My Story With Sekhem-Khrem. Reiki With Jaclyn. https://www.reikiwithjaclyn.com/post/2018/02/22/my-story-with-sekhem-khrem

Kehoe, J. (2011). Quantum Warrior: The Future of the Mind. Zoetic.

Kroll, J. (2017). What Types of Zodiacs Are There Other Than Chinese? Sciencing. https://sciencing.com/types-zodiacs-there-other-chinese-8457677.html

Landious Travel. (n.d.). Goddess Tefnut. Landious Travel. https://landioustravel.com/egypt/egyptian-deities/goddess-tefnut

Landious Travel. (n.d). Nehmetawy goddess. Landious Travel. https://landioustravel.com/egypt/egyptian-deities/nehmetawy-goddess/

LandofKam. (2012). How to Honor Your Ancestors the Kamitic/Kemetic Shaman Way. LandofKam. https://landofkam.wordpress.-com/2012/04/28/how-to-honor-your-ancestors-the-kamitic-shaman-way/

Leonard, J. (2019). A guide to EFT tapping. Medical News Today. https://www.medicalnewstoday.com/articles/326434

Lizzy. (2019). Chakra Colors. Chakras.info. https://www.chakras.info/chakra-colors/

Mark, J. J. (2017). Heka. World History Encyclopedia. https://www.worldhistory.org/Heka/

Mark, J. J. (2016). Osiris. World History Encyclopedia. https://www.worldhistory.org/osiris/

Mark, J. J. (2020). The Five Gifts of Hathor: Gratitude in Ancient Egypt. World History Encyclopedia. https://www.worldhistory.org/article/58/the-five-gifts-of-hathor-gratitude-in-ancient-egyp/

Mark, J. J. (2016). Thoth. World History Encyclopedia. https://www.worldhistory.org/Thoth/

Maté, G., Maté, D. (2022). The Myth of Normal: Trauma, Illness, and Healing in a Toxic Culture. Ebury Publishing.

McCammon, E. (2016). Who Is Bastet? Complete Guide to the Egyptian Cat Goddess. PrepScholar. https://blog.prepscholar.com/bastet-egyptian-cat-goddess

McCartney, P. (2021). India's battle against Egypt's Kemetic Yoga. Medium. https://psdmccartney.medium.com/indias-battle-against-egypt-s-kemetic-yoga-6eca5b114d65

McRae, L. (2019). Vegan, Vegetarian, Pescatarian, Flexitarian and Macrobiotic

Diets – What's the Difference? North Shore University Health Systems. https://www.northshore.org/healthy-you/vegan-flexitarian-vegetarian-pescatarian-and-macrobiotic-diets--whats-the-difference/

Muhammad, B., Akinyele, P. (2021). Kemetic (Egyptian) Spirituality: The Oldest Faith Tradition. Patch. https://patch.com/new-jersey/newar-knj/kemetic-egyptian-spirituality-oldest-faith-tradition

New World Encyclopedia. (n.d.). Ishtar. New World Encyclopedia. https://www.newworldencyclopedia.org/entry/ishtar

Newman, T. (2021). Everything you need to know about Reiki. Medical News Today. https://www.medicalnewstoday.com/articles/308772#summary

Nnaco. (2016). Thoth and The Emerald Tablet. Kanaga. http://www.kana-ga.tv/mysticism/toth-and-emerald-tablet.html

Nunez, K . (2020). The Benefits of Breath of Fire and How to Do It. Healthline. https://www.healthline.com/health/breath-of-fire-yoga#safety-tips

Odwirafo. (2017). Hedju ne Antiu Wordpress. https://www.odwirafo.com/Hedju_Antiu.pdf

Oxford Reference. (n.d). Osiris, Killed by Set, Is Resurrected by Isis. Oxford Reference. https://www.oxfordreference.com

Oxford University Press. (2018). Nut. Oxford University Press. https://www.encyclopedia.com/philosophy-and-religion/ancient-religions/ancient-religion/nut-egyptian-goddess

Petre, A. (2018). How to Follow a Raw Vegan Diet: Benefits and Risks. Health Line. https://www.healthline.com/nutrition/raw-vegan-diet#the-diet

Radford, W. (n.d.). Avesa Energy Balancing - Egyptian healing rods and pyramid energy. Radford Holistic Therapies. https://www.radford-holistictherapies.co.uk/avesa_balancing.htm

Realitypathing. (2023). 8 Unique Incense for Ma'at Realitypathing. https://realitypathing.com/8-unique-incense-for-maat/

Regan, S. (2022). Why You Need A Spiritual Bath In Your Life (+ Exactly How To Draw One). MBG Mindfulness. https://www.mindbodygreen.-com/articles/spiritual-bath

Religion Wiki. (n.d.). Iusaaset. Religion Wiki. https://religion.fan-dom.com/wiki/Iusaaset

Rosicrucian Egyptian Museum. (n.d.). Deities in Ancient Egypt - Nephthys. Rosicrucian Egyptian Museum. https://egyptianmuseum.org/deities-nephthys

Rosicrucian Egyptian Museum. (n.d.). Deities in Ancient Egypt - Seth. https://egyptianmuseum.org/deities-seth

San-Aset. (2022). Iusaaset, Goddess of the Tree of Life. IsemSanctuary. https://iseumsanctuary.com/2022/02/14/goddess-of-the-tree-of-life/

Scaccetti, J. (n.d.). The connection between chakra blockages and emotional and physical conditions. Agent Nateur. https://www.agentnateur.-com/blogs/agent-tips/p-strong-the-connection-between-chakra-blockages-and-emotional-and-physical-conditions-strong-p-p-p?utm_source=google&utm_medium=paid&utm_campaign=17683018728&utm_content=&utm_term=&gadid=&gclid=EAIaIQobChMIsp2z57ba-wIVjLHtCh0rqQTXEAAYAiAAEgKWavD_BwE

Scher, A. B. (n.d.). 7 Ridiculously Simple Tapping Techniques To Unblock Your Chakras. Soul & Spirit. https://www.soulandspiritmagazine.com/13951-2/

Shane Clayton. (2022). The Sacred Temple Incense of Ancient Egypt. Wandering Stars https://www.wandering-stars.net/kepu-temple-incense

Shane Clayton. (2022). The Seven Sacred Oils. Pomegranate Flounder https://pomegranate-flounder-c98k.squarespace.com/the-seven-sacred-oils

Shetty, J. (2020). 20 Days of Live Meditation with Jay Shetty: Day 1. YouTube. https://youtu.be/gxURcDSeRns

Shridhar, G., Rajendra, N., Murigendra, H. (2015). Modern Diet and its Impact on Human Health. Journal of Nutrition & Food Sciences. https://www.longdom.org/open-access/modern-diet-and-its-impact-on-human-health-35026.html

Solarnayoga. (n.d.). The Rods Of The Egyptians. Solarnayoga. https://solarnayoga.info/pdf/Egyptians_Rods_or_Wands_of_Horus.pdf

Sound And Light. (n.d.). 10 Interesting Facts about Hathor; goddess of motherhood. Sound And Light. https://soundandlight.show/en/blog/10-interesting-facts-about-hathor

Stanford Medicine. (n.d.). Anatomy and Function of the Liver. Stanford Medicine. https://www.stanfordchildrens.org/en/topic/default?id=anatomy-and-function-of-the-liver-90-P03069

Stanton, KM. (2022). Tree of Life Meaning, Symbolism, and Mythology. UniGuide. https://www.uniguide.com/tree-of-life

Stuetz , T.T. (2010). Healing Secrets of the Pharaohs-Egyptian Healing Rods. Ezine Articles. https://ezinearticles.com/?Healing-Secrets-of-the-Pharaohs-Egyptian-Healing-Rods&id=4914300

svarthaxan. (2021). Anubis as my spirit guide. Reddit. https://www.reddit.-com/r/Kemetic/comments/l1xolf/anubis_as_my_spirit_guide/

Swan Bazaar. (2021). The Four Sons of Horus. Swan Bazaar. https://www.swanbazaar.com/Blog/post/the-four-sons-of-horus

Swan Bazaar. (2021). The Four Sons of Horus. Swan Bazaar. https://www.swanbazaar.com/Blog/post/the-four-sons-of-horus

templeofathena. (2011). Offerings for Anubis Wordpress. https://templeofathena.wordpress.com/2011/02/17/offerings-for-anubis/

Tewari, A. (2022). 700 Affirmations to Balance All 7 Chakras. Gratefulness Blog. Https://blog.gratefulness.me/chakra-affirmations/amp/

The Earth Center. (n.d.). The Kemetic Meso-American Connection. The Earth Center. https://www.theearthcenter.org/post/in-search-of-the-gods-the-kemetic-meso-american-connection

The Editors of Encyclopaedia Britannica(n.d.). 11 Egyptian Gods and Goddesses. Encyclopaedia Britannica. https://www.britannica.com/list/11-egyptian-gods-and-goddesses

The Editors of Encyclopaedia Britannica. (n.d.). Horus - Egyptian god. Encyclopaedia Britannica. https://www.britannica.com/topic/Horus

The Gut-Brain Connection: How it Works and The Role of Nutrition. (2020). The Gut-Brain Connection: How it Works and The Role of Nutrition. Health Line. https://www.healthline.com/nutrition/gut-brain-connection#TOC_TITLE_HDR_5

Toliver, A. (n.d.). Greatest Story Ever Stolen - An exploration of the stolen legacy of Kush, Kemet, and all world religions. Sutori. https://www.sutori.com/en/story/greatest-story-ever-stolen--UamyoBPaDaVejpn775pZxCrH

Urban Wellness Hub. (n.d.). Egyptian Sekhem. Urban Wellness Hub. https://www.urbanwellnesshub.co.uk/egyptian-sekhem

Vampire Rave. (2021). Egyptian Chakras & Energetics. Vampire Rave. https://www.vampirerave.com/houses/house_page.php?house=python&page=18012

Vigne, L. (2019). The 42 ideals of Ma'at. Kemet Experience. https://www.kemetexperience.com/the-42-ideals-of-maat/

Young, S.P. (2019). Nine Parts of the Human Soul According to the Ancient Egyptians. Ancient Origins. https://www.ancient-origins.net/human-origins-religions/ancient-egyptian-soul-0012390

# IHR FEEDBACK WIRD GESCHÄTZT

Wir möchten so kühn sein, Sie um einen Akt der Freundlichkeit zu bitten. Wenn Sie unser/ unsere Buch/ Bücher gelesen und genossen haben, würden Sie bitte eine ehrliche Rezension auf Amazon oder Audible hinterlassen? Als unabhängige Verlagsgruppe bedeutet Ihr Feedback für uns die Welt. Wir lesen jede einzelne Rezension, die wir erhalten, und würden uns freuen, Ihre Gedanken zu hören, denn jede Rückmeldung hilft uns, Ihnen besser zu dienen. Ihr Feedback kann sich auch auf andere Menschen auf der ganzen Welt auswirken und ihnen helfen, kraftvolles Wissen zu entdecken, das sie in ihrem Leben umsetzen können, um ihnen Hoffnung und Selbstbestimmung zu geben. Wir wünschen Ihnen viel Kraft, Mut und Weisheit auf Ihrem Weg.

Wenn Sie eines unserer Bücher gelesen oder gehört haben und so freundlich wären, diese zu rezensieren, können Sie dies tun, indem Sie auf die Registerkarte "Mehr erfahren" unter dem Bild des Buches auf unserer Website klicken:

https://ascendingvibrations.net/books

Milton Keynes UK
Ingram Content Group UK Ltd.
UKHW042057151124
451186UK00006B/95

9 781957 718316